中华成语小课堂系列 彩绘版

课堂上的
成语接龙

汉语大字典编纂处　柳如眉◎编著
崔占成　汤梦谣　肖猷洪◎绘图

四川辞书出版社

图书在版编目(CIP)数据

课堂上的成语接龙 / 汉语大字典编纂处，柳如眉编著；崔占成，汤梦谣，肖猷洪绘图. — 2 版. — 成都：四川辞书出版社，2024.6
(中华成语小课堂系列：彩绘版)
ISBN 978-7-5579-1562-9

Ⅰ.①课… Ⅱ.①汉… ②柳… ③崔… ④汤… ⑤肖… Ⅲ.①小学语文课－教学参考资料 Ⅳ.①G624.203

中国国家版本馆 CIP 数据核字(2024)第 097214 号

课堂上的成语接龙
KETANG SHANG DE CHENGYU JIELONG

汉语大字典编纂处 柳如眉　编著　崔占成 汤梦谣 肖猷洪　绘图

策 划 人 /	雷　敏
责任编辑 /	雷　敏　钟　欣
封面设计 /	成都编悦文化传播有限公司
责任印制 /	肖　鹏
出版发行 /	四川辞书出版社
地　　址 /	成都市锦江区三色路 238 号
邮　　编 /	610023
印　　刷 /	四川森林印务有限责任公司
开　　本 /	787 mm×1092 mm　1/16
版　　次 /	2024 年 6 月第 2 版
印　　次 /	2024 年 6 月第 1 次印刷
印　　张 /	8.5
书　　号 /	ISBN 978-7-5579-1562-9
定　　价 /	36.00 元

·版权所有,翻印必究
·本书如有印装质量问题,请寄回出版社调换
·制作部电话:(028)86361826

前 言

成语是中华民族语言宝库中一颗璀璨的明珠，具有形象生动、简洁精辟等特点。但是成语纷繁丰富，数量极多，对刚接触成语学习的小学生来说，要想掌握一定数量的成语，困难不少。成语接龙是传统的文字游戏，不仅有着悠久的历史和广泛的社会基础，同时还是老少皆宜的民间文化娱乐活动。为了增强小学生学习成语的兴趣，我们特地编写了这本《课堂上的成语接龙》。

本书以最新小学语文教材中的成语为主线，按照成语在课本中出现的年级顺序选取了54组成语接龙，囊括成语569个。每一组成语接龙下设置"写一写""成语小课堂""插图""成语游戏/成语故事/遇见诗词/成语小档案""日积月累"栏目，每个年级设置"练一练"栏目，并借助这些栏目引出小学语文课堂上常用的1000余个成语。成语接龙是本书的特色，它通过形式多样的成语接龙启发小学生的思维，增强小学生的学习兴趣，让小学生在潜移默化中理解和掌握大量成语。

前言

各栏目主要内容如下：

1. 成语树状图：每个年级以成语的构词特点和释义为原则，分别对当前年级所学成语进行分类，并用树状图表示，放于篇章页，引导小学生学会对成语进行归纳总结。

2. 成语接龙：根据各年级教材收录成语的特色，采用多种有趣的成语接龙形式，如：同音字接龙、谐（多）音字接龙、诗句逐字成语接龙、名言警句接龙等。

3. 写一写：列出成语接龙中的重点字，便于小学生练习书写和识记。

4. 成语小课堂：包括成语接龙中课内成语的释义、例句，便于小学生理解成语的内涵和运用。

5. 插图：根据成语的本义或引申义配以精美插图。

6. 成语游戏 / 成语故事 / 遇见诗词 / 成语小档案：每组接龙中根据成语的不同内容配以不同的拓展板块，内容活泼有趣。

7. 日积月累：选择与当页成语相关的主题对同类成语进行总结归纳，帮助小学生开阔视野，增加积累。

8. 练一练：每个年级均根据当前年级学习的主要成语配以不同练习题，帮助小学生巩固所学知识。

9. 参考答案：正文中各个题目均有相应参考答案，统一放在书后。

10. 附录：收录最新小学语文教材中的成语，扫描书中二维码即可查找和学习每个成语的释义和例句，既方便又实用。

相信本书能为小学生学习和运用成语提供有益的帮助，对书中存在的不当之处，敬请广大读者朋友指正。

编者

目　录

一年级

2　柳绿桃红
4　万众一心
6　一清二白
8　敏而好学
10　练一练

二年级

12　含苞欲放
14　百闻不如一见
16　有志者事竟成
18　青云之志
20　狐假虎威
22　兴致勃勃
24　野心勃勃
26　赏心悦目
28　练一练

三年级

30　鸦雀无声
32　提心吊胆
34　喜怒哀乐
36　寸步难行
38　气焰嚣张
40　光彩夺目
42　守株待兔
44　耿耿于怀
46　练一练

目录

四年级

- 48　人声鼎沸
- 50　低声细语
- 52　上天入地
- 54　聚精会神
- 56　喜出望外
- 58　爱憎分明
- 60　车水马龙
- 62　点睛之笔
- 64　古木参天
- 66　朗朗上口
- 68　舍己救人
- 70　一丝一毫
- 72　天高气爽
- 74　赤子之心
- 76　练一练

五年级

- 78　朴实无华
- 80　来日方长
- 82　奋不顾身
- 84　饮水思源
- 86　太平盛世
- 88　居安思危
- 90　大千世界
- 92　刀山火海
- 94　成千上万
- 96　花团锦簇
- 98　水天相接
- 100　练一练

六年级

- 102　一碧千里
- 104　孤芳自赏
- 106　满腔怒火
- 108　震天动地
- 110　竭尽全力
- 112　千钧一发
- 114　千言万语
- 116　脱缰之马
- 118　锲而不舍
- 120　练一练

- 121　参考答案
- 125　附录：课本里的成语汇总

一年级

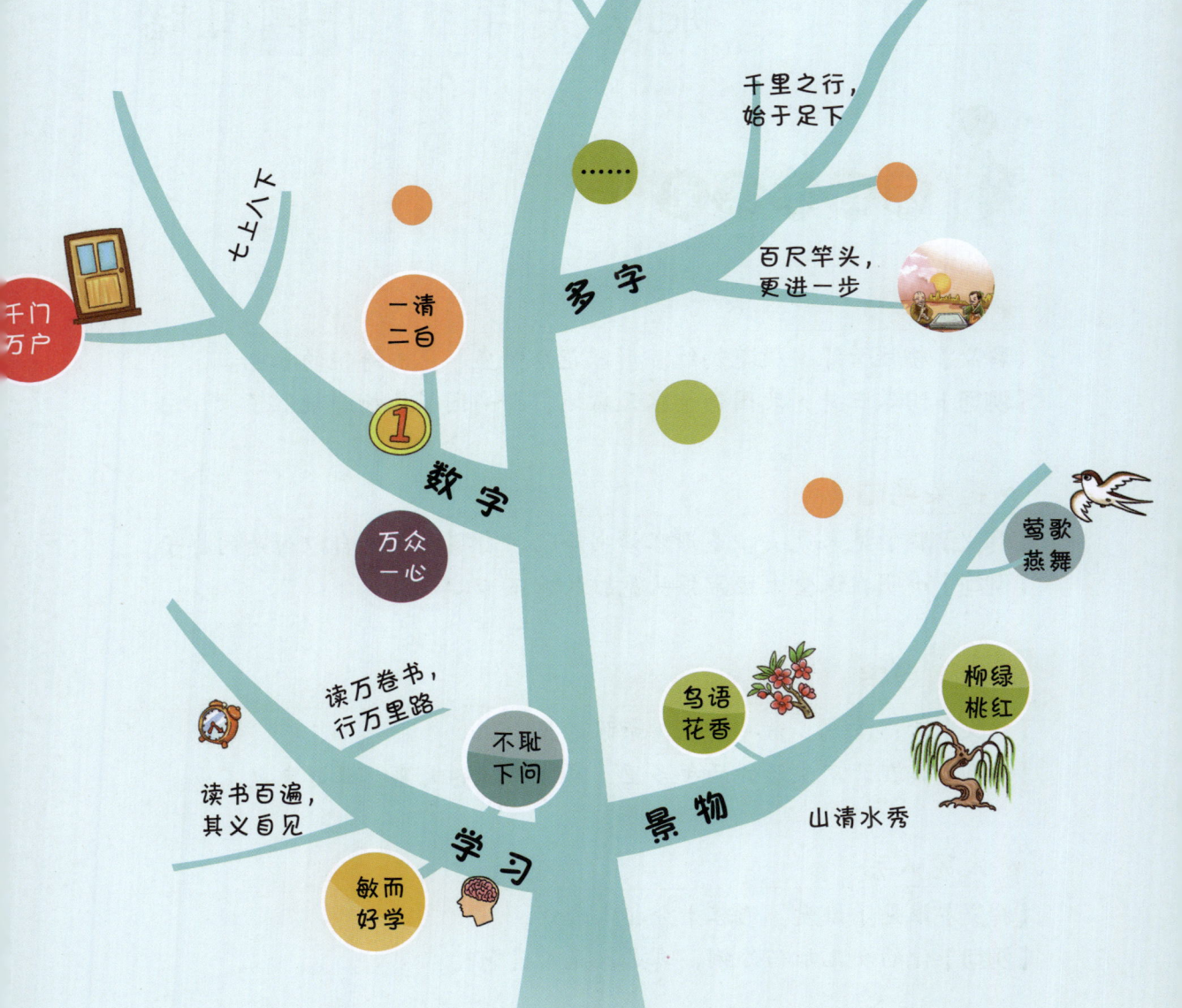

- 千门万户
- 七上八下
- 一清二白
- 千里之行，始于足下
- 百尺竿头，更进一步
- 多字
- 1 数字
- 万众一心
- 莺歌燕舞
- 读万卷书，行万里路
- 不耻下问
- 鸟语花香
- 柳绿桃红
- 读书百遍，其义自见
- 学习
- 景物
- 山清水秀
- 敏而好学

写一写

豆 头 耳

liǔ lǜ táo hóng
柳绿桃红

hóng dòu xiāng sī
红豆相思

nǎo mǎn cháng féi
脑满肠肥

yáo tóu huàng nǎo
摇头晃脑

féi tóu dà ěr
肥头大耳

ěr wén mù dǔ
耳闻目睹

成语小课堂

★ 柳绿桃红
【释义】柳枝碧绿，桃花嫣红。形容花木繁盛、色彩鲜艳的春色。
【例句】阳春三月，北国仍是冰天雪地，而南国早已柳绿桃红了。

★ 摇头晃脑
【释义】脑袋晃来晃去。多形容读书吟诵时自得其乐或自以为是的样子。
【例句】小明在课堂上经常摇头晃脑的，不专心听课。

★ 耳闻目睹
【释义】睹：看见。亲耳听见，亲眼看见。
【例句】我在北京生活的两年多里，耳闻目睹的大事，算起来也不少。

★ 人见人爱
【释义】谁见了谁爱。形容十分招人喜欢。
【例句】你的女儿乖巧伶俐，真是人见人爱啊！

柳绿桃红

sī qián xiǎng hòu	hòu lái jū shàng
思前想后	后来居上

dì dòng shān yáo	shàng tiān rù dì
地动山摇	上天入地

dǔ wù sī rén	rén jiàn rén ài
睹物思人	人见人爱

写一写

上 天 思

成语游戏 成语之最连连看。

- 最神气的魔力   无米之炊
- 最大的改变   一日千里
- 最快的速度   上天入地
- 最远的地方   翻天覆地
- 最反常的气候   一日三秋
- 最短的季节   天涯海角
- 最难做的饭   晴天霹雳

日积月累

ABAC 形式的常见成语

人见人爱　一模一样　一五一十　一心一意

十全十美　百发百中　百战百胜　再接再厉

写一写

众
乐

wàn zhòng yī xīn 万众一心

xīn kuàng shén yí 心旷神怡

pí bèi bù kān 疲惫不堪

lè cǐ bù pí 乐此不疲

成语小课堂

★ 万众一心

【释义】千万人一条心。形容团结一致。

【例句】只要万众一心，就没有克服不了的困难。

★ 心旷神怡

【释义】旷：开阔。怡：愉快。心境开阔，精神愉快。

【例句】那里的环境使他心旷神怡，倍感轻松。

★ 得过且过

【释义】得：能。且：暂且，苟且。只要勉强过得去就暂且这样过下去，敷衍地打发日子。也指对工作敷衍塞责，马虎应付。

【例句】他们还像从前那样，听天由命，得过且过。

★ 过犹不及

【释义】犹：如同。事情做得过了头，跟做得不够一样。

【例句】说你节食过度，你就暴饮暴食，两者过犹不及，都会严重伤害身体健康。

万众一心

怡然自得　　得过且过
及时行乐　　过犹不及

写一写

过
行

成语故事

得过且过

传说在五台山上有一种很奇特的小鸟，生着四只脚、两只肉翅膀，却不会飞翔，名字叫寒号鸟。

夏天是寒号鸟最快乐的季节，它全身长满美丽的羽毛，色彩斑斓，鲜艳夺目，每天走来走去和别的鸟比美，还得意地唱："凤凰不如我！得过且过！"但它却没有搭一个鸟窝为冬天做准备。

隆冬来临，寒风怒号，别的鸟都躲在温暖的窝里。

寒号鸟可惨了，漂亮的羽毛全部脱落，好像还没长毛的雏鸟。一到晚上，因为没有窝可以栖身，它只好躲进石缝里。寒风袭来，它冻得全身发抖，不断地哀鸣着："好冷啊，好冷啊，明天就做窝，明天就做窝！"

可第二天太阳一出来，温暖的阳光照在身上，暖融融的，寒号鸟就忘记了昨夜的寒冷，得意地唱着："得过且过，得过且过。"

寒号鸟一天天混日子，直到冻死在石缝里，也没给自己搭个窝。

一年级

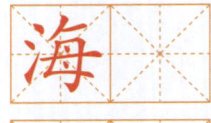

写一写

清
海
河

yī qīng èr bái	bái shǒu qǐ jiā
一清二白	白手起家
dāo shān huǒ hǎi	xiào lǐ cáng dāo
刀山火海	笑里藏刀
hǎi yàn hé qīng	qīng fēng míng yuè
海晏河清	清风明月

成语小课堂

★ **一清二白**

【释义】形容十分清楚、明白。也形容非常清白，没有污点。

【例句】不把此事弄个一清二白，他是不会罢休的。

★ **亡羊补牢**

【释义】亡：丢失。牢：关牲畜的圈。丢失了羊赶紧修补羊圈。比喻在出了差错或受到损失之后及时补救。

【例句】亡羊补牢，努力学习，你考上大学应该没问题。

一清二白

jiā pò rén wáng	wáng yáng bǔ láo
家破人亡	亡羊补牢
pò tì wéi xiào	láo bù kě pò
破涕为笑	牢不可破
yuè hēi fēng gāo	gāo shān liú shuǐ
月黑风高	高山流水

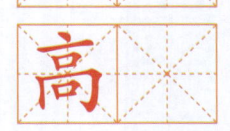

写一写

家
牢
高

★ 破涕为笑
【释义】破：解除。涕：眼泪。止住泪水，露出笑容。指转悲为喜。
【例句】经他这么一安慰，她便破涕为笑，又高兴起来了。

★ 清风明月
【释义】形容清凉幽静的自然美景。也指清雅闲适。也作"明月清风"。
【例句】这里清风明月、鸟语花香，环境真是太优美了。

成语故事

亡羊补牢

古时候有个农民养了很多羊。一天，他发现羊圈有几根栏杆松动了，邻居看到了劝他说："快把你的羊圈补好，不然晚上狼来了，会把羊叼走的。"农民不以为然地说："不会的。"

没想到，第二天早上真的少了一只羊。邻居又劝他说："还是把羊圈补一补吧，今晚狼有可能再来。"农民心存侥幸，还是没有补羊圈。结果这天晚上羊又少了一只。他心疼极了，后悔没有早点把羊圈补好。

邻居再次劝他修补羊圈，他说："都已经丢了两只羊了，再补还有用吗？"邻居说："如果现在不补羊圈的话，以后羊还会丢失，你的损失会更大！"

农民一想确实是这样，就马上动手修补羊圈。果然，羊圈修补好后，他的羊就再也没被狼叼走了。

写一写

敏
规
营

| mǐn ér hào xué | xué fù wǔ chē |
| 敏而好学 | 学富五车 |

| bù bù wéi yíng | guī xíng jǔ bù |
| 步步为营 | 规行矩步 |

| yíng sī wǔ bì | bì jué fēng qīng |
| 营私舞弊 | 弊绝风清 |

成语小课堂

★ 敏而好学

【释义】聪明伶俐又喜欢学习。

【例句】老师们都说他是一个敏而好学的学生，将来一定大有作为。

★ 学富五车

【释义】富：多。五车：五车书。形容读书很多，学识广博。

【例句】古人以学富五车为饱学，可我涉猎的书籍却少得可怜。

★ 龙飞凤舞

【释义】像蛟龙腾飞、凤凰起舞一样。形容气势雄壮。也形容书法笔势生动、奔放。

【例句】他多才多艺，一笔草书龙飞凤舞，气势不凡。

敏而好学

chē shuǐ mǎ lóng	lóng fēi fèng wǔ
车水马龙	龙飞凤舞

mò shǒu chéng guī	wǔ wén nòng mò
墨守成规	舞文弄墨

qīng fēng míng yuè	yuè mào huā róng
清风明月	月貌花容

写一写

龙
守
味

成语游戏

请将下面的成语补充完整，你会发现每一行填的字都能组成一个文艺类的名词。

龙飞凤〇 + 〇中不足 = 〇〇

拿手好〇 + 〇高和寡 = 〇〇

疾如雷〇 + 〇影绰绰 = 〇〇

人不可貌〇 + 〇势浩大 = 〇〇

日积月累

"敏而好学"出处

原文：敏而好学，不耻下问。——《论语》

译文：聪敏而又喜好学习，不以向地位比自己低或学问不如自己的人请教为耻。

练一练

一、看拼音，写成语。

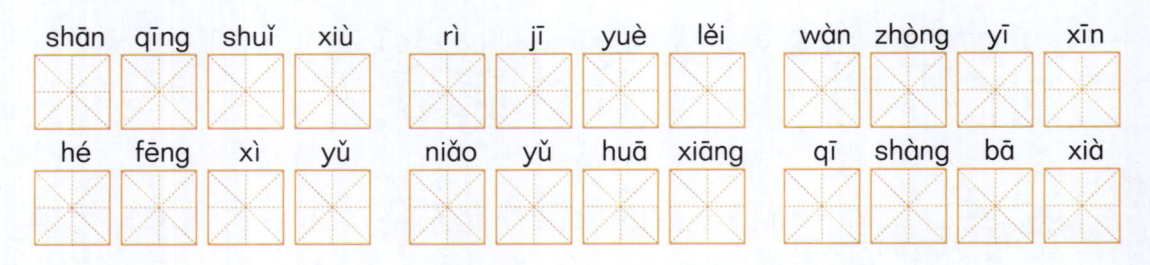

shān qīng shuǐ xiù　　rì jī yuè lěi　　wàn zhòng yī xīn

hé fēng xì yǔ　　niǎo yǔ huā xiāng　　qī shàng bā xià

二、看图猜成语。

1._____　　2._____

三、请补全以下 ABAC 形式的常见成语。

人见人○　　一模一○　　一五一○　　一心一○

十○十美　　百○百中　　百○百胜　　再○再厉

二年级

- 近义
  - 少言寡语
  - 色彩斑斓
  - 奇形怪状
  - 山穷水尽
  - 烟消云散
  - 五颜六色
  - 绚丽多彩
  - ……

- 色彩

- 典故
  - 狐假虎威
  - 害群之马
  - 惊弓之鸟
  - 刻舟求剑
  - 半信半疑
  - 无边无际
  - 自言自语

- 气象
  - 鹅毛大雪
  - 电闪雷鸣
  - 风雨交加
  - 寒风刺骨

- 叠字
  - 隐隐约约

- 数字
  - ① 五光十色
  - 一枝独秀
  - 四面八方
  - 365天
  - 四海为家

- 植物
  - 含苞欲放
  - 百花争艳
  - 叶落归根

写一写

虎 阳 里

- hán bāo yù fàng 含苞欲放
- fàng hǔ guī shān 放虎归山
- xī yáng xī xià 夕阳西下
- mìng zài dàn xī 命在旦夕
- xià lǐ bā rén 下里巴人
- rén shān rén hǎi 人山人海

成语小课堂

★ 含苞欲放
【释义】本指花朵欲开未开之时。多比喻少女的青春。
【例句】春天里漫山遍野都是含苞欲放的映山红。

★ 尽心竭力
【释义】费尽心思，使出全力。形容做事非常投入，认真负责。
【例句】他尽心竭力，以求工作更有成效。

★ 人山人海
【释义】人堆成了山、海。形容聚集的人极多。
【例句】一到夏天，海滩上总是人山人海，非常热闹。

★ 空空如也
【释义】如：……的样子。也：助词，无实义。空空洞洞，什么也没有。
【例句】有些人喜欢夸夸其谈，其实肚子里空空如也。

含苞欲放

shān qióng shuǐ jìn	jìn xīn jié lì
山穷水尽	尽心竭力
pí yú bēn mìng	lì juàn shén pí
疲于奔命	力倦神疲
hǎi kuò tiān kōng	kōng kōng rú yě
海阔天空	空空如也

写一写

穷
命
阔

成语故事

放虎归山

刘备被吕布打败后，率残部来到许都投奔曹操。

曹操的谋士程昱看出刘备不是等闲之辈，怕他将来翅膀硬了会成为曹操的劲敌，建议曹操杀掉刘备，以绝后患。但曹操没听程昱的劝告，收留了刘备，允许他在自己的地盘住了下来。

为了迷惑曹操，刘备整天在后园挑水、施肥、种菜、侍弄花草，装出一副沉醉于眼下安逸的生活、绝无称雄之心的样子。

有一次，曹操邀刘备小酌，故意试探他说："天下英雄非我二人莫属。"这时正好天上电闪雷鸣，刘备装着害怕打雷的样子，把筷子掉到了地上。这件事后，曹操彻底消除了对刘备的怀疑。

后来，刘备请求率兵攻打袁术，曹操拨了五万人马给他。程昱听说后对曹操说："当初我劝您杀了刘备，您不听，现在又让他独自带兵，这不是放虎归山吗？"

果真应了程昱的话，刘备离开后自立旗号，并北连袁绍共同抗击曹操。

写一写

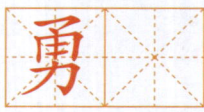

勇　晴　春

百闻不如一见　bǎi wén bù rú yī jiàn

见义勇为　jiàn yì yǒng wéi

里应外合　lǐ yìng wài hé

晴空万里　qíng kōng wàn lǐ

合二为一　hé èr wéi yī

一年之计在于春　yī nián zhī jì zài yú chūn

成语小课堂

★ 百闻不如一见

【释义】闻：听见。听得再多，也不如亲眼见到一次。

【例句】都说"九寨归来不看水"，这次去九寨沟游玩，那里的水清澈如明镜，斑斓生五彩，果然是百闻不如一见。

★ 见义勇为

【释义】看到正义的事情就挺身而出，勇敢地去做。

【例句】看到歹徒伤害无辜，他挺身而出，这种见义勇为的精神值得我们学习。

★ 为之一振

【释义】因为某事、某物或某人而振奋起来。

【例句】同学们的鼓励让他为之一振，他最终还是坚持跑到了终点。

★ 呼风唤雨

【释义】呼叫风就会刮风，呼唤雨就会下雨。原形容神仙、道士等法力超凡。现比喻能够支配自然或左右某种局面。

【例句】现在科学高度发展，神话中那种呼风唤雨，我们也可以做到了。

★ 雨过天晴

【释义】阵雨过后天气晴朗。比喻情况由坏变好，形势由黑暗变光明。

【例句】刚才还是瓢泼大雨，转眼就雨过天晴了。

★ 一年之计在于春

【释义】全年的计划在春天就应该安排好。比喻做事开始时就应该抓紧。

【例句】一年之计在于春，现在正是大干的时候。

百闻不如一见

wèi zhī yī zhèn	zhèn bì yī hū
为之一振	振臂一呼

yǔ guò tiān qíng	hū fēng huàn yǔ
雨过天晴	呼风唤雨

chūn huá qiū shí	shí zhì míng guī
春华秋实	实至名归

写一写

振
呼
秋

★ 春华秋实

【释义】华：古同"花"字。春天开花，秋天结果。比喻学问和德行或因果关系。

【例句】春华秋实，没有农民们的辛勤栽培，哪有这硕果累累的大好收成呢？

成语游戏 你知道哪些关于季节的成语呢？试着将下面含有季节的成语补充完整吧。

春　　夏　　秋　　冬

○华○实　　○暖花开　　一叶知○

枯木逢○　　○高气爽　　○雨雨人

○收○藏　　雨后○笋　　○兰○菊

日积月累

含有计数单位的成语

个中滋味　十万火急　百闻不如一见　千篇一律　万众一心

15

二年级

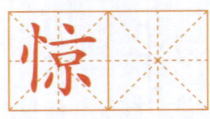

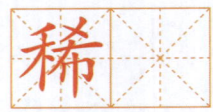

写一写: 竟 惊 稀

- yǒu zhì zhě shì jìng chéng 有志者事竟成
- chéng qiān shàng wàn 成千上万
- jīng tiān dòng dì 惊天动地
- shí pò tiān jīng 石破天惊
- dì guǎng rén xī 地广人稀
- xī shì zhī bǎo 稀世之宝

成语小课堂

★ 有志者事竟成

【释义】指有决心有毅力的人，事情一定能够办成。

【例句】她成功的事迹告诉我们有志者事竟成。

★ 万水千山

【释义】万道水，千重山。极言山水之多。比喻路途艰险而遥远。

【例句】黑颈鹤飞越万水千山到草海，目的是躲避北方寒冷的冬天。

★ 山高路远

【释义】山又高，路途又遥远。形容路途遥远艰辛。

【例句】这一去山高路远，不知何时才能再见，请大家千万保重！

★ 惊天动地

【释义】惊：使惊动。动：使震动。使天地惊恐震动。形容声响巨大、声势浩大或意义、影响重大，令人震惊或感动。

【例句】随着一声惊天动地的巨响，中国第一颗原子弹爆炸成功。

★ 老态龙钟

【释义】形容年老体衰而行动不灵便的样子。

【例句】他今年才65岁，却已显得老态龙钟。

有志者事竟成

wàn shuǐ qiān shān	shān gāo lù yuǎn
万水千山	山高路远

fēi shā zǒu shí	yuǎn zǒu gāo fēi
飞沙走石	远走高飞

bǎo dāo wèi lǎo	lǎo tài lóng zhōng
宝刀未老	老态龙钟

写一写

路
远
钟

成语游戏 在云朵里填入合适的字补全成语，并比比它们的大小。

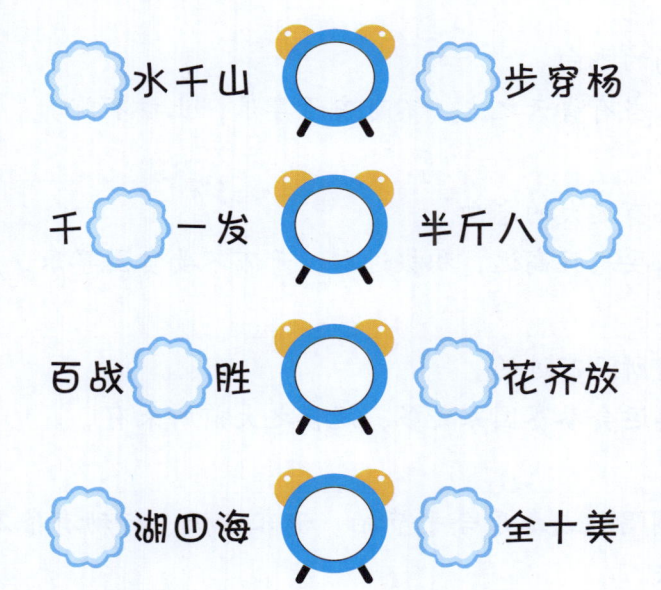

○水千山　○　○步穿杨

千○一发　○　半斤八○

百战○胜　○　○花齐放

○湖四海　○　○全十美

日积月累

含有"天""地"两个字的常用成语
惊天动地　天长地久　天翻地覆
欢天喜地　天罗地网　感天动地

写一写

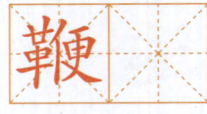

青 鞭 悲

qīng yún zhī zhì
青云之志

zhì cún gāo yuǎn
志存高远

biān cháng mò jí
鞭长莫及

kuài mǎ jiā biān
快马加鞭

jí shí xíng lè
及时行乐

lè jí shēng bēi
乐极生悲

成语小课堂

★ **青云之志**

【释义】指崇高的志向。
【例句】年轻人当有青云之志，不可安于享乐，止步不前。

★ **志存高远**

【释义】心中怀有远大的志向。
【例句】年轻人要志存高远，积极进取，千万不要贪图享乐，虚度青春。

★ **前所未有**

【释义】指以前所没有过的。
【例句】这届奥运会参赛国家之多，规模之大前所未有。

★ **有板有眼**

【释义】指曲调唱腔或奏乐合乎节拍。形容言语、行动有条不紊，富有节奏和章法。
【例句】他说话做事有板有眼，很讲效率，不得不服。

★ **眼疾手快**

【释义】形容动作灵活迅速，反应敏捷。
【例句】那个魔术师真是眼疾手快，手里的硬币一晃就不见了。

★ **悲欢离合**

【释义】悲哀、欢乐、离散、聚合。泛指人生的各种遭遇和心情。
【例句】艄公熟悉黄河，深知几十年来这两岸发生的悲欢离合、沧桑变化。

青云之志

远在天边，近在眼前　前所未有

眼疾手快　有板有眼

悲欢离合　合情合理

写一写

眼
疾
离

成语故事

鞭长莫及

一次，楚庄王命楚国大夫申舟去齐国办事。楚国到齐国沿途要经过宋国，按理说楚国应当通知宋国有人过境这件事，但楚庄王仗着国势强盛，不把宋国放在眼里，便没有向宋国借路。

宋国国君知道后十分气愤，便扣留了申舟，并以楚国无视宋国主权、过境不通知宋国为由杀了申舟。楚庄王气得浑身发抖，集结军队攻打宋国，包围了宋国都城。之后几个月，楚、宋两军相持不下。

这时，宋文公派乐婴齐去晋国请求援助。晋景公挺乐意出兵，但大夫伯宗却反对说："有句古话说得好，'虽鞭之长，不及马腹'，我们哪里管得着楚国的事呢？现在楚国强盛，正受到上天保佑，晋国虽然也强大，但不能违背天意。我们暂不出兵，等楚国国势衰退些再说吧。"晋景公听从了伯宗的建议没有发兵。

写一写

狐
息
宁

hú jiǎ hǔ wēi
狐假虎威

wēi wǔ bù qū
威武不屈

chuān liú bù xī
川流不息

míng shān dà chuān
名山大川

xī shì níng rén
息事宁人

rén shēng dǐng fèi
人声鼎沸

成语小课堂

★ 狐假虎威
【释义】狐狸假借老虎的威风。比喻仰仗别人的威势或威力来欺压人。
【例句】李大伯昨天痛骂了狐假虎威无理取闹的孙水明。

★ 二人同心，其利断金
【释义】二人齐心协力，力量就像锋利的刀剑，可以切断金属。形容团结一致，力量无敌。
【例句】二人同心，其利断金，只要团结一致，就没有克服不了的困难。

★ 名山大川
【释义】著名的高山与河流。
【例句】一到这些名山大川、异地胜景，总会有一种奇怪的力量震荡着我。

★ 扬长而去
【释义】大模大样地离开。
【例句】他不顾别人的感受，竟然扬长而去。

狐假虎威

- qū zhǐ kě shǔ 屈指可数
- shǔ yī shǔ èr 数一数二
- jīn bǎng tí míng 金榜题名
- èr rén tóng xīn, qí lì duàn jīn 二人同心，其利断金
- fèi fèi yáng yáng 沸沸扬扬
- yáng cháng ér qù 扬长而去

写一写：屈 金 扬

成语故事

狐假虎威

老虎凭借着自己的力量，在森林里横行霸道，特别嚣张。森林里的动物们敢怒不敢言，看到老虎只能躲得远远的。

有一天，老虎出门捕猎，捉到了一只狐狸。眼看自己就要成为老虎的食物了，狡猾的狐狸突然大叫起来："啊！老虎，你可不能吃我。"老虎哈哈大笑，对狐狸说："我是百兽之王，我想吃谁就吃谁！"

狐狸眼珠一转，计上心头。它对老虎说："我才是上天派来统帅你们的百兽之王。如果你不相信，可以跟在我后面，看看大家怕你还是怕我。"

老虎不知真假，就跟在狐狸的后面，在森林里东走西转。其他动物看到之后都纷纷逃跑了。老虎不知道动物们其实是在害怕自己，还以为它们都害怕狐狸。所以，老虎相信了狐狸的话，把它放了。

写一写

勃 步 星

兴致勃勃　勃然大怒

大步流星　神通广大

星移斗转　转危为安

成语小课堂

★ **兴致勃勃**

【释义】勃勃：精神旺盛的样子。形容兴趣浓厚，兴头十足。多指心情愉快。
【例句】他们几个老朋友谈得兴致勃勃，几乎都忘记吃饭了。

★ **怒气冲冲**

【释义】满脸怒气，十分激动的样子。
【例句】当她不问原因就批评他的工作时，他怒气冲冲地夺门而出。

★ **出乎意料**

【释义】超出人们的料想、猜测之外。
【例句】这场出乎意料的车祸夺去了他年轻的生命。

★ **神通广大**

【释义】原是佛教用语，指其法力的广大无边。现指本领特别高明。
【例句】小强神通广大，别人难以办到的事，他总有办法达到目的。

★ **大步流星**

【释义】形容脚步迈得大，走得很快。
【例句】会议马上就要开始了，他大步流星地赶到会场。

★ **安居乐业**

【释义】安定地生活，愉快地工作。
【例句】这个城市傍山临海，风景宜人，百姓安居乐业。

兴致勃勃

nù qì chōng chōng　　chōng kǒu ér chū
怒气冲冲　　冲口而出

liào shì rú shén　　chū hū yì liào
料事如神　　出乎意料

ān jū lè yè　　yè jīng yú qín
安居乐业　　业精于勤

写一写

冲
如
业

成语游戏　成语自选商场，选出合适的字填入成语中。

喜　怒　哀　乐

◯气冲冲　　苦苦◯求　　◯气洋洋

◯出望外　　心花◯放　　津津◯道

欢天◯地　　安居◯业　　满腔◯火

日积月累

描述"愤怒"的常见成语

怒气冲冲　勃然大怒　恼羞成怒　怒火中烧
怒目而视　义愤填膺　暴跳如雷　大发雷霆

23

（诗句逐字成语接龙：野火烧不尽，春风吹又生。）

yě xīn bó bó 野心勃勃
mǎn qiāng nù huǒ 满腔怒火
chuī máo qiú cī 吹毛求疵
fēng hé rì lì 风和日丽
péi le fū rén yòu zhé bīng 赔了夫人又折兵

写一写：满、吹、兵

成语小课堂

★ 不好意思
【释义】害羞，难为情。指抹不开情面。
【例句】小马低下了头，抿着嘴唇，现出了不好意思的样子。

★ 筋疲力尽
【释义】形容非常疲乏，一点力气也没有了。
【例句】干了一天的体力活，傍晚时他已筋疲力尽。

★ 春色满园
【释义】整个园子里一片春天的景色。形容春天万物欣欣向荣的景象。
【例句】还未走进外婆家的小院子，迎面就飘来一股香味，走进一看，各种各样的植物盆景，红的、黄的、紫的花，真是春色满园！

★ 风和日丽
【释义】微风和煦，阳光明媚。形容天气晴好。
【例句】周末如果风和日丽，爸爸总爱带我去植物园走走。

★ 生于忧患，死于安乐
【释义】指经常处于忧愁患难的处境，使人勤奋而得以生存；长期处于安逸快乐的环境，使人怠惰而致死。
【例句】物竞天择，适者生存。生于忧患，死于安乐。

野心勃勃

怒火中烧 **不好意思**

春色满园 **筋疲力尽**

生于忧患，死于安乐

写一写

好
园
忧

遇见诗词

应怜①屐②齿印苍苔，小扣③柴扉久不开。
春色满园关不住，一枝红杏出墙来。

——[宋]叶绍翁《游园不值④》

注释

①怜：怜惜。②屐（jī）：木鞋。③小扣：轻轻地敲。④不值：没有遇到花园的主人。

大意

可能是主人爱惜园中的青苔，担心它被我的木底鞋踩坏，

所以我轻轻地叩敲园门，久久没有人来开门。

那满园的美丽春色怎能关得住，

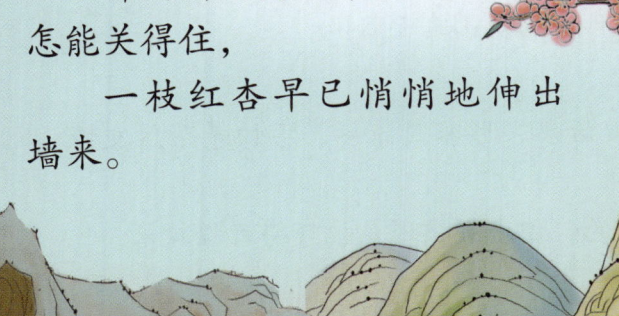

一枝红杏早已悄悄地伸出墙来。

写一写

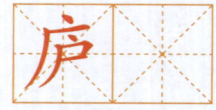

悦　例　庐

shǎng xīn yuè mù	mù bù xié shì
赏心悦目	目不斜视
lì xíng gōng shì	xià bù wéi lì
例行公事	下不为例
shì bù guò sān	sān gù máo lú
事不过三	三顾茅庐

成语小课堂

★ **赏心悦目**
【释义】指因欣赏美好的情景而心情舒畅。
【例句】乘坐观光车游览植物园，真是件赏心悦目的事情。

★ **视死如归**
【释义】把死看作像回家一样。多形容为了正义事业，不怕牺牲。
【例句】他视死如归的英雄气概使对他行刑的敌人都感到害怕了。

★ **上上下下**
【释义】指一个集体中地位或辈分从高到低的所有人。也指从头到脚。
【例句】这里上上下下一共有六十多号人，要三辆大巴车才能坐完。

★ **三顾茅庐**
【释义】指刘备三次请诸葛亮辅佐的故事。后用来指诚心诚意一再邀请。
【例句】校长三顾茅庐，诚恳地邀请李老师主持高三年级的工作。

★ **庐山真面目**
【释义】借指事物的本来面目或事情的真相。
【例句】不经过探索了解，很难弄清这件事的庐山真面目！

★ **目瞪口呆**
【释义】睁大眼睛发愣，张着嘴说不出话来。形容因惊讶、害怕等茫然发愣的样子。
【例句】尽管老虎是隔着围栏大声吼叫的，但小男孩还是被吓得目瞪口呆。

赏心悦目

视死如归　归心似箭

上上下下　箭在弦上

庐山真面目　目瞪口呆

写一写

归
弦
面

遇见诗词

横看①成岭侧成峰，远近高低各不同。
不识庐山真面目②，只缘③身在此山中。

——[宋]苏轼《题④西林⑤壁》

注释

①横看：从正面看。②真面目：指真实的景色或庐山的全貌。③缘：因为。④题：书写。⑤西林：今江西庐山脚下的西林寺。

大意

从正面看山岭连绵起伏，从侧面看山峰耸立，从远处、近处、高处、低处看庐山，庐山呈现出各种不同的姿态。
之所以看不清庐山的真实面目，是因为自己置身于庐山之中。

练一练

一、看拼音，写成语。

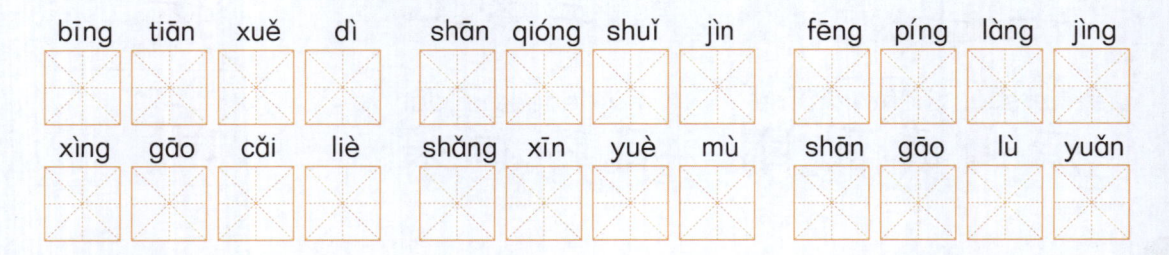

bīng tiān xuě dì　　shān qióng shuǐ jìn　　fēng píng làng jìng

xìng gāo cǎi liè　　shǎng xīn yuè mù　　shān gāo lù yuǎn

二、看图猜成语。

1._____　　2._____

三、请将以下成语和对应的诗词题目连接起来。

《游园不值》　　《村居》　　《题西林壁》

草长莺飞　　春色满园　　庐山真面目　　千门万户　　橙黄橘绿　　不拘一格

《己亥杂诗》　　《赠刘景文》　　《画鸡》

三年级

- 走南闯北
- 翻来覆去
- 争先恐后
- 五谷丰登
- 百依百顺
- 反义
- ……
- 百战百胜
- 一叶知秋
- 春华秋实
- 春光明媚
- 数字 365天
- 百发百中
- 秋高气爽
- 目瞪口呆
- 眼疾手快
- 四季
- 摇头晃脑
- 口干舌燥
- 人体
- 翩翩起舞
- 邯郸学步
- 上上下下
- 挨挨挤挤
- 滥竽充数
- 南辕北辙
- 典故
- 叠字
- 糊里糊涂
- 守株待兔

写一写

泪　恐　坚

- yā què wú shēng　鸦雀无声
- shēng lèi jù xià　声泪俱下
- zhēng xiān kǒng hòu　争先恐后
- fēn miǎo bì zhēng　分秒必争
- hòu huàn wú qióng　后患无穷
- qióng qiě yì jiān　穷且益坚

成语小课堂

★ 鸦雀无声
【释义】连乌鸦和麻雀的鸣叫声都听不到。形容非常安静。
【例句】听众席上鸦雀无声，同学们都在认真听演讲团作报告。

★ 声泪俱下
【释义】边诉说，边哭泣。形容十分激愤悲恸的情状。
【例句】他在法庭上声泪俱下，为自己的罪行深深忏悔。

★ 胆战心惊
【释义】形容非常恐慌害怕。
【例句】泸定桥又高又窄，下面就是滚滚大渡河，走在上面让人胆战心惊。

★ 争先恐后
【释义】争着向前，唯恐落后。
【例句】大家争先恐后向灾区捐款。

★ 穷且益坚
【释义】处境越是不好，意志节操越应当坚定。常用以自勉或鼓励他人。
【例句】中国人民有志气，穷且益坚，这样那样的困难又算得了什么！

★ 坚强不屈
【释义】坚定刚强，不屈服。
【例句】刘胡兰在敌人的淫威下坚强不屈，表现了一个共产党员的高尚气节。

鸦雀无声

xià luò bù míng	míng mù zhāng dǎn
下落不明	明目张胆

jīng kǒng wàn fēn	dǎn zhàn xīn jīng
惊恐万分	胆战心惊

jiān qiáng bù qū	qū zhǐ kě shǔ
坚强不屈	屈指可数

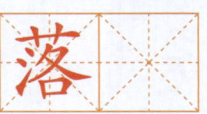

写一写

落
胆
强

成语游戏 请找出下列成语中的错别字并改正。

争先恐厚　　　　百花百中

眼急手快　　　　洗耳公听

万紫千宏　　　　清出于蓝

五谷风登　　　　大步流兴

日积月累

含有"先""后"两个字的成语
争先恐后　先斩后奏　先礼后兵　先来后到
先忧后喜　先人后己　先小人，后君子

写一写

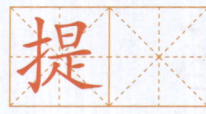

提
逃
备

tí xīn diào dǎn
提心吊胆

dǎn xiǎo rú shǔ
胆小如鼠

shēng shēng bù xī
生生不息

hǔ kǒu táo shēng
虎口逃生

xī xī xiāng guān
息息相关

guān huái bèi zhì
关怀备至

成语小课堂

★ 提心吊胆
【释义】心和胆好像悬吊着没有着落。形容非常担心或害怕。
【例句】天黑了，我一走到这里就觉得提心吊胆。

★ 胆小如鼠
【释义】胆子小得像老鼠。形容非常胆小。
【例句】想不到邻居家的一个大男孩竟然胆小如鼠！

★ 光芒四射
【释义】强烈的光线向四面八方放射。形容人或事物极有魅力或影响力。
【例句】他就像光芒四射的太阳，温暖了这些孩子的心。

★ 马马虎虎
【释义】形容做事草率，不认真、不仔细。也指勉强凑合。
【例句】终身大事要慎重，怎么能马马虎虎？

★ 美中不足
【释义】总体很好，但还有不够完美的地方。
【例句】他是个帅气迷人的小伙子，美中不足的是个子矮。

提心吊胆

shǔ mù cùn guāng　　guāng máng sì shè
鼠目寸光　　　光芒四射

mǎ mǎ hū hū　　shè rén xiān shè mǎ
马马虎虎　　　射人先射马

zhì shàn zhì měi　　měi zhōng bù zú
至善至美　　　美中不足

写一写

芒
射
美

成语游戏

成语中有许多"叠字+不"的结构。现在，我们将这类成语集中起来，请你将它们补充完整。

生生不〇　　念念不〇

惴惴不〇　　绵绵不〇

喋喋不〇　　闷闷不〇

日积月累

常见 AABB 形式的成语

马马虎虎　大大小小　干干净净　上上下下
来来往往　世世代代　形形色色　哆哆嗦嗦

33

写一写

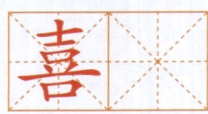

喜　珠　竖

xǐ nù āi lè	lè bù kě yán
喜怒哀乐	乐不可言

zhū lián bì hé	zhǎng shàng míng zhū
珠联璧合	掌上明珠

hé zòng lián héng	héng qī shù bā
合纵连横	横七竖八

成语小课堂

★ **喜怒哀乐**

【释义】喜悦、恼怒、悲哀、快乐。泛指人的各种情感。

【例句】这本日记，记录了我生活中的喜怒哀乐。

★ **言而有信**

【释义】说话算数，讲信用。

【例句】他是一个言而有信的人，答应办的事，一定会给你办。

★ **信手拈来**

【释义】随手拿来。形容写作或言谈时选词造句、运用素材娴熟自如。

【例句】作文比赛时，平时信手拈来的词句，不知怎么想不起来了。

★ **横七竖八**

【释义】有的横着，有的竖着，杂乱无章。形容纵横杂乱，毫无条理。

【例句】台风过后，庄稼被刮得横七竖八地倒在地上。

★ **风平浪静**

【释义】没有风浪，水面很平静。形容平静无事。

【例句】革命先烈的战斗生涯中没有一天是风平浪静的。

喜怒哀乐

| yán ér yǒu xìn | xīn shǒu niān lái |
| 言而有信 | 信手拈来 |

| yì rú fǎn zhǎng | lái zhī bù yì |
| 易如反掌 | 来之不易 |

| bā miàn wēi fēng | fēng píng làng jìng |
| 八面威风 | 风平浪静 |

写一写

信
易
静

成语小档案

合纵连横

释义

战国时苏秦游说南北接连的六国联合抗秦，历史上称为"合纵"；张仪游说秦以东的六国，自西向东与秦结交，历史上称为"连横"。原指战国七雄争霸的策略。后泛指政治上、外交上采用联合或分化的手段。

其他与军事和外交相关的成语

孤军奋战　千军万马　全军覆没　枪林弹雨
远交近攻　内外交困　闭关锁国　纵横捭阖

写一写

难　处　累

cùn bù nán xíng	xíng yún liú shuǐ
寸步难行	行云流水

shè shēn chǔ dì	tiān zào dì shè
设身处地	天造地设

dì jiǔ tiān cháng	cháng nián lěi yuè
地久天长	长年累月

成语小课堂

★ **寸步难行**

【释义】形容走路、行动困难。比喻开展某项工作困难重重。

【例句】路上污水满溢，行人寸步难行。

★ **行云流水**

【释义】天上飘浮的云，河里流淌的水。比喻诗文流畅自然、无拘无束或动作娴熟、挥洒自如。

【例句】八岁时她已经能把贝多芬、门德尔松的协奏曲演奏得行云流水一般。

★ **接连不断**

【释义】一个接着一个而不间断。

【例句】接连不断的战争，给人民带来了无穷的灾祸。

★ **天造地设**

【释义】形容事物的生成、构造、配合合乎理想，犹如天地自然生成。

【例句】九寨沟的风景真是天造地设，人间少有。

★ **设身处地**

【释义】设想自己处在别人的地位或境遇中。指为别人的处境着想。

【例句】经常设身处地为别人着想，你身边的好朋友一定很多。

寸步难行

shuǐ tiān xiāng jiē	jiē lián bù duàn
水天相接	接连不断

yì bó yún tiān	duàn zhāng qǔ yì
义薄云天	断章取义

yuè mào huā róng	róng guāng huàn fā
月貌花容	容光焕发

写一写

接
取
容

成语游戏 将下面的成语补充完整，你会发现每一行填的字最后合在一起都组成了一个描写动作的词语。

邯郸学○ + ○云流水 = ○○

喋喋不○ + ○息相关 = ○○

天真烂○ + ○步为营 = ○○

峰回路○ + ○然自得 = ○○

鸡飞狗○ + ○文弄墨 = ○○

日积月累

描写外貌的成语

月貌花容　国色天香　慈眉善目　棱角分明
鹤发童颜　膀大腰圆　眉清目秀　明眸皓齿

37

写一写

焰　得　卷

qì yàn xiāo zhāng	zhāng guān lǐ dài
气焰嚣张	张冠李戴

dé xīn yìng shǒu	kū xiào bù dé
得心应手	哭笑不得

shǒu bù shì juàn	juǎn tǔ chóng lái
手不释卷	卷土重来

成语小课堂

★ 气焰嚣张

【释义】形容人的言行非常放肆，态度极为猖狂。

【例句】这伙黑社会势力气焰嚣张、作恶多端，被捣毁后老百姓无不拍手称快。

★ 张冠李戴

【释义】姓张的帽子戴在了姓李的头上。比喻弄错了对象或弄错了事实。

【例句】因为他俩长得非常像，不熟悉的人经常张冠李戴。

★ 失声痛哭

【释义】形容因过度悲伤而尽情地大哭。

【例句】看着他那枯瘦的身躯，想起他一生的遭遇，我忍不住失声痛哭。

★ 得心应手

【释义】心里怎么想，手就能怎么做。形容运用自如。

【例句】苦练了三年的基本功后，他已经可以得心应手地弹钢琴了。

★ 手不释卷

【释义】手中不肯放下书本。形容勤奋好学或读书入了迷。

【例句】看他手不释卷的样子，原来是个喜书之人哩。

气焰嚣张

| dài zuì lì gōng | gōng bài chuí chéng |
| 戴罪立功 | 功败垂成 |

| shī shēng tòng kū | chéng bài dé shī |
| 失声痛哭 | 成败得失 |

| lái lái wǎng wǎng | wǎng rì wú chóu, jìn rì wú yuān |
| 来来往往 | 往日无仇,近日无冤 |

写一写

功
哭
往

遇见诗词

胜败兵家事不期①,包羞忍耻是男儿。
江东②子弟多才俊,卷土重来未可知。
——[唐]杜牧《题乌江亭③》

注释

①不期：难以预料。②江东：自汉至隋唐称自安徽芜湖以下的长江南岸地区为江东。③乌江亭：在今安徽,相传为西楚霸王项羽自刎之处。

大意

胜败乃是兵家常事,难以事前预料,

能够忍受失败和耻辱的才是真正的男儿。

江东子弟大多是才能出众的人,

若能重整旗鼓杀回来,楚汉相争,谁输谁赢还很难说。

写一写

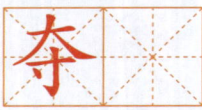

夺 谈 浅

guāng cǎi duó mù 光彩夺目

mù wú quán niú 目无全牛

tán xiào fēng shēng 谈笑风生

kuò bù gāo tán 阔步高谈

shēng sǐ zhī jiāo 生死之交

jiāo qiǎn yán shēn 交浅言深

成语小课堂

★ 光彩夺目

【释义】光泽色彩鲜艳耀眼。

【例句】青的草，绿的叶，各种色彩鲜艳的花，都像赶集似的聚拢来形成了光彩夺目的春天。

★ 大呼小叫

【释义】高一声低一声地吆喝或吵嚷。

【例句】在公共场合大呼小叫是缺乏教养的行为。

★ 天高地阔

【释义】形容天地极其高远辽阔。

【例句】站在山顶放眼望去，只觉得天高地阔，人置身其中显得如此渺小。

★ 深居简出

【释义】简：少。本指动物避居深山，很少出来。后指人总是待在家里，很少出门。

【例句】王丽深居简出，六个月就完成了书稿。

光彩夺目

| niú gāo mǎ dà | dà hū xiǎo jiào |
| 牛高马大 | 大呼小叫 |

| tiān gāo dì kuò | jiào kǔ lián tiān |
| 天高地阔 | 叫苦连天 |

| shēn jū jiǎn chū | chū shēng rù sǐ |
| 深居简出 | 出生入死 |

写一写

叫
阔
简

成语游戏

请你先将上面的成语补充完整，再将这个字的反义词填在下面的括号里，就能得到第二个成语了。

出生入（ ）
（ ）生不息

心灰意（ ）
（ ）火朝天

勇往直（ ）
（ ）来居上

至高无（ ）
（ ）落不明

日积月累

含有"大""小"这组反义词的成语
大呼小叫　大街小巷　大惊小怪
大同小异　小题大做　因小失大

写一写

株
绿
壮

shǒu zhū dài tù	tù sǐ hú bēi
守株待兔	兔死狐悲

shān gāo shuǐ dī	lǜ shuǐ qīng shān
山高水低	绿水青山

dī shēng xià qì	qì zhuàng shān hé
低声下气	气壮山河

成语小课堂

★ **守株待兔**

【释义】株：树桩。守着树桩，等待撞死在树桩上的兔子。比喻死守狭隘的经验，不知变通。也比喻不主动地努力而心存侥幸地坐等意外的收获。

【例句】要想成功，就不能抱有守株待兔的想法。

★ **花花绿绿**

【释义】形容色彩艳丽纷繁。

【例句】这个游乐场布置得花花绿绿的，是想讨孩子们的欢心。

守株待兔

bēi tòng yù jué	jué dǐng cōng míng
悲痛欲绝	绝顶聪明

huā huā lǜ lǜ	míng rì huáng huā
花花绿绿	明日黄花

hé hé hǎi gān	gān gān jìng jìng
河涸海干	干干净净

写一写

顶 黄 涸

★ **气壮山河**

【释义】形容气概像高山大河那样雄伟豪迈。
【例句】战士们在训练时吼声惊天动地，气壮山河。

★ **干干净净**

【释义】指一点也没有。也指十分清洁，没有尘土等。
【例句】他把碗里的饭菜吃得干干净净。/我们把教室打扫得干干净净。

成语故事

守株待兔

战国时期，宋国有个农夫，靠种庄稼维持生计。

一天，他正在耕地，突然看见有什么东西从身边闪过，停在了地里的树桩边。他走过去一瞧，说道："呦！是一只大野兔啊。"原来，这只兔子跑得太快，不小心撞上了树桩，把脖子撞断后死了。

农夫非常开心，把兔子捡回去做了一顿兔肉大餐。他一边吃一边想："我的运气这么好，没准儿以后每天都能捡到这种'傻兔子'呢！"于是，他再也不耕地了，每天躲在树桩边等送上门的兔子。可他等啊，等啊，等了好久，却什么都没等到。

没有办法，他只能回去继续种庄稼。可他的地早已长满了野草，庄稼早都枯死了。

写一写

gěng gěng yú huái	huái hèn zài xīn
耿耿于怀	怀恨在心

suǒ jiàn suǒ wén	sǐ dé qí suǒ
所见所闻	死得其所

wén guò zé xǐ	xǐ bù zì shèng
闻过则喜	喜不自胜

田字格：耿 所 胜

成语小课堂

★ 耿耿于怀
【释义】心中总是想着，不能忘记。
【例句】她对三年前发生的那件事一直耿耿于怀。

★ 心惊肉跳
【释义】心神不安，惊慌恐惧。形容惊恐不安的样子。
【例句】他一发怒，就让人心惊肉跳，不知所措。

★ 死得其所
【释义】形容死得有意义，有价值。
【例句】人固有一死，但要死得其所，要实现自我价值。

★ 喜不自胜
【释义】胜：承受。高兴得自己都觉得受不了。形容喜悦到了极点。
【例句】猪八戒正口渴难耐，突然发现前方有一泓清泉，真是喜不自胜。

耿耿于怀

写一写

| xīn jīng ròu tiào | tiào liáng xiǎo chǒu |
| 心惊肉跳 | 跳梁小丑 |

| chū shēng rù sǐ | chǒu tài bǎi chū |
| 出生入死 | 丑态百出 |

| shèng quàn zài wò | wò shǒu yán huān |
| 胜券在握 | 握手言欢 |

梁
态
券

成语游戏

下图的小朋友踩着哪些石头能组成成语过河呢？快帮助她找到过河的路吧。

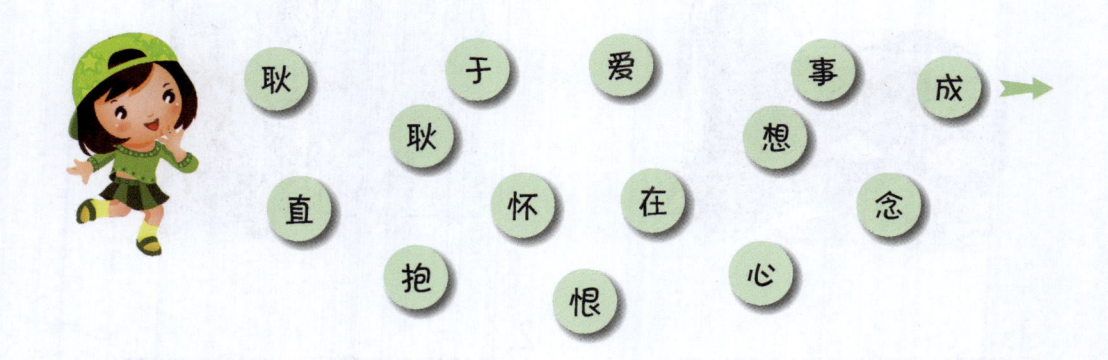

耿　于　爱　事　成
　耿　　想
直　怀　在　念
抱　恨　心

日积月累

描写"喜悦"情绪的成语

喜不自胜　喜出望外　欣喜若狂　心花怒放
喜气洋洋　眉开眼笑　欢呼雀跃　喜上眉梢

练一练

一、看拼音，写成语。

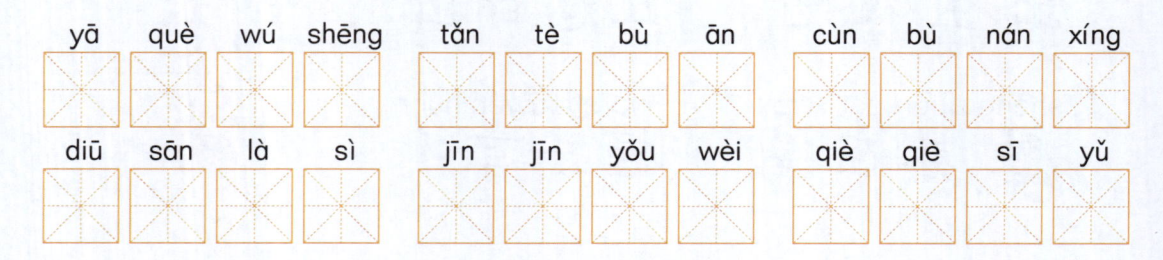

yā què wú shēng　　tǎn tè bù ān　　cùn bù nán xíng

diū sān là sì　　jīn jīn yǒu wèi　　qiè qiè sī yǔ

二、看图猜成语。

1. _____　　2. _____

三、十二生肖成语接龙。

胆小如○ → ○郎织女 → ○口逃生 → 守株待○ →

画○点睛 → 杯弓○影 → 老○识途 → 亡○补牢 →

沐○而冠 → ○毛蒜皮 → ○急跳墙 → ○突豨勇

四年级

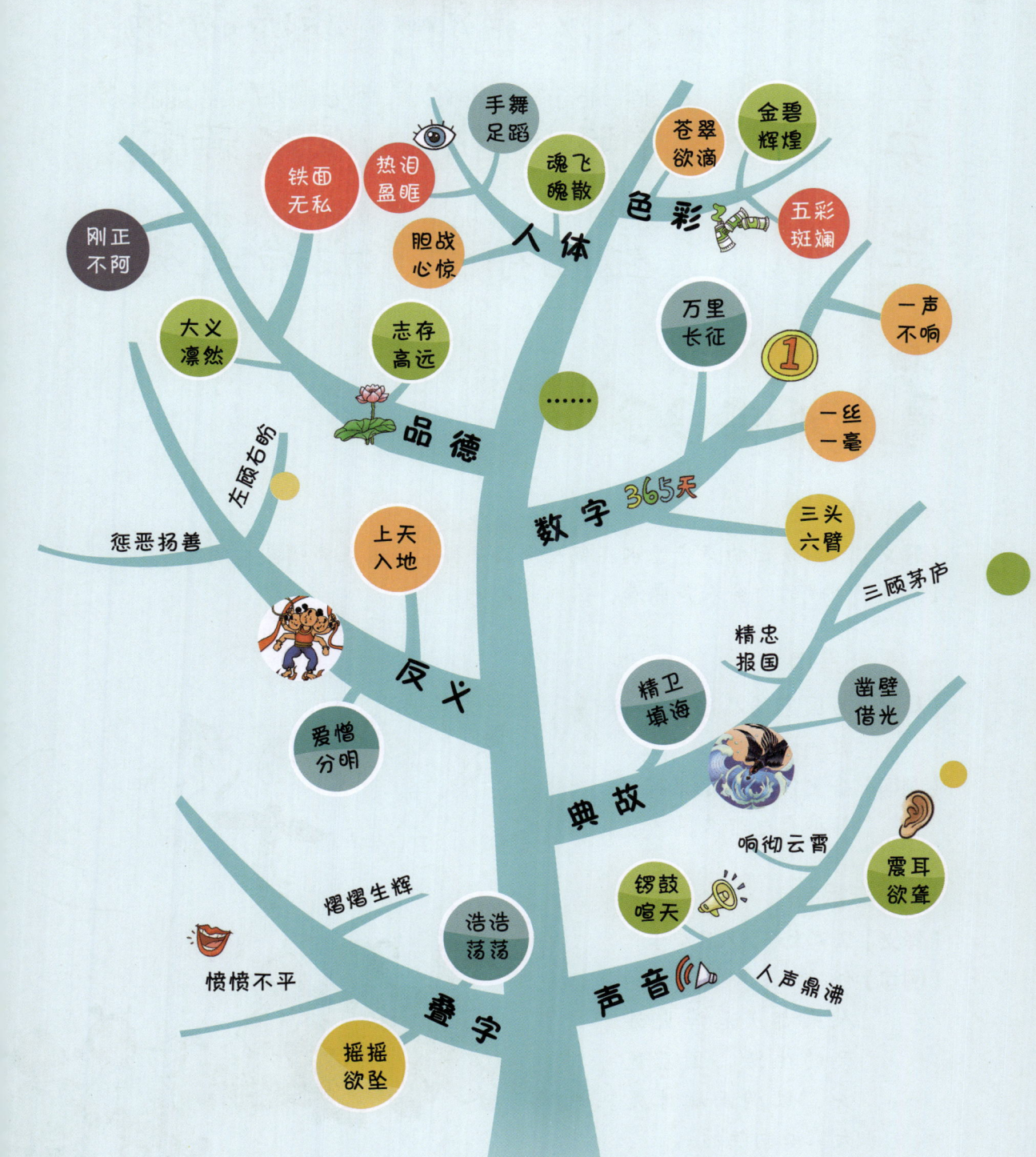

人体
- 手舞足蹈
- 热泪盈眶
- 魂飞魄散
- 胆战心惊

色彩
- 苍翠欲滴
- 金碧辉煌
- 五彩斑斓

品德
- 铁面无私
- 刚正不阿
- 大义凛然
- 志存高远
- 左顾右盼
- 惩恶扬善

数字
- 万里长征
- 一声不响
- 一丝一毫
- 365天
- 三头六臂
- 三顾茅庐
- 上天入地

典故
- 精忠报国
- 精卫填海
- 凿壁借光
- 响彻云霄

反义
- 爱憎分明

声音
- 锣鼓喧天
- 震耳欲聋
- 人声鼎沸

叠字
- 熠熠生辉
- 浩浩荡荡
- 愤愤不平
- 摇摇欲坠

写一写

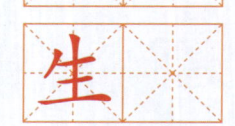

声
安
生

rén shēng dǐng fèi	fèi fèi yáng yáng
人声鼎沸	沸沸扬扬

sù mèi píng shēng	ān zhī ruò sù
素昧平生	安之若素

shēng sǐ cún wáng	wáng mìng zhī tú
生死存亡	亡命之徒

成语小课堂

★ **人声鼎沸**

【释义】人群发出的声音像水在锅里沸腾一样。形容人声嘈杂喧闹。

【例句】今晚的灯会人声鼎沸，热闹非凡。

★ **精忠报国**

【释义】为国家竭尽忠诚，牺牲一切。

【例句】岳飞以他精忠报国的精神青史留名。

★ **国泰民安**

【释义】国家太平，人民安乐。

【例句】任何一个国家的人民都厌恶烽火连天的生活，国泰民安、风调雨顺才是大家所向往的。

人声鼎沸

| yáng cháng ér qù | qù cū qǔ jīng |
| 扬长而去 | 去粗取精 |

| guó tài mín ān | jīng zhōng bào guó |
| 国泰民安 | 精忠报国 |

| tú láo wú gōng | gōng bù kě mò |
| 徒劳无功 | 功不可没 |

写一写

去
国
功

成语游戏 把下面拆散的叠字成语连起来吧。

沸沸　　　扬扬
轰轰　　　两两
浩浩　　　烈烈
三三　　　荡荡
堂堂　　　暮暮
朝朝　　　正正

日积月累

含有"人"字的成语

人声鼎沸　人寿年丰　人情世故　人尽其才
人面桃花　人杰地灵　人间天上　人来人往

写一写

| 语 | 心 | 长 |

dī shēng xì yǔ
低声细语

yǔ zhòng xīn cháng
语重心长

yì wèi shēn cháng
意味深长

sān xīn èr yì
三心二意

cháng shēng bù lǎo
长生不老

lǎo tài lóng zhōng
老态龙钟

成语小课堂

★ **低声细语**

【释义】形容小声说话、窃窃私语。

【例句】课堂上即使低声细语地说话，也会打扰到其他同学听讲。

★ **接二连三**

【释义】一个接一个。形容连续不断。

【例句】奥运会上中国健儿勇夺金牌的消息接二连三地传来。

长篇大论　论长说短
接二连三　短兵相接
钟鼎人家　家破人亡

写一写
短
兵
家

★ **家破人亡**

【释义】家庭被破坏，亲人死去。形容家庭遭受极其惨痛的变故。
【例句】由于战争，很多百姓处于家破人亡、妻离子散的悲惨境地。

成语故事

接二连三

清代文学名著《红楼梦》里讲了这么个故事：男主人公贾宝玉被迫与表姐薛宝钗成亲，导致心爱的姑娘林黛玉气急身亡，贾宝玉也因此大病一场。病好后的贾宝玉远不如以前机敏了，但仍然想去以前住过的大观园里逛。贾宝玉的奶奶怕他遭受暑热，更怕他见到林黛玉以前住过的潇湘馆而触景伤情，所以不允许他去。况且原来住在大观园的亲戚姊妹们大部分都去了别处。

比如，薛宝琴已回到薛姨妈那边去住了；史湘云因父亲史侯回京，也被接回家了；邢岫烟在贾迎春出嫁后便跟着邢夫人住；李家姊妹也另住在外。只有李纨、探春、惜春还住在大观园。贾奶奶本来打算把李纨接过来与自己同住，但由于皇妃贾元春逝世后贾府中的事情接二连三，也无暇顾及李纨了。况且大观园里住着比较凉爽，适宜避暑，所以贾奶奶决定熬过夏天后再调整李纨的住处。

写一写

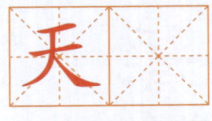

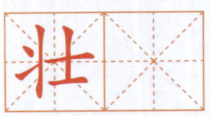

天 地 壮

shàng tiān rù dì	dì dòng shān yáo
上天入地	地动山摇

shāng tiān hài lǐ	èr hǔ xiāng dòu，bì yǒu yī shāng
伤天害理	二虎相斗，必有一伤

lǐ zhí qì zhuàng	zhuàng zhì líng yún
理直气壮	壮志凌云

成语小课堂

★ 上天入地

【释义】升上天空，钻入地下。形容想尽各种办法去做。也可指神通广大。

【例句】事情已经弄成这样了，你就是上天入地也别想挽回。

★ 地动山摇

【释义】高山和大地都在摇晃。形容震动强烈或声势浩大。

【例句】顷刻间地动山摇，地震发生了。

★ 理直气壮

【释义】理由正确充分，因而说话做事有气势或心里无愧，无所畏惧。

【例句】当自身的合法权益受到损害时，就应当理直气壮地拿起"法律利剑"，用法律维护自己的权益。

（二虎相斗，必有一伤）

上天入地

yáo qí nà hǎn
摇旗呐喊

hǎn yuān jiào qū
喊冤叫屈

shǔ yī shǔ èr
数一数二

qū zhǐ kě shǔ
屈指可数

yún dàn fēng qīng
云淡风轻

qīng gē màn wǔ
轻歌曼舞

写一写

数
指
轻

成语游戏 下面的俗语和成语哪一对是好朋友？请你试着连一连。

一山不容二虎	一丘之貉
张公帽子李公戴	自作自受
天下乌鸦一般黑	见异思迁
喝水不忘挖井人	两虎相斗
这山望着那山高	饮水思源
搬起石头砸自己的脚	张冠李戴

日积月累

和天气相关的成语

云淡风轻　风和日丽　碧空万里　风雨交加
秋高气爽　冰天雪地　寒冬腊月　春暖花开

写一写

神 和 足

| jù jīng huì shén | shén qì shí zú |
| 聚精会神 | 神气十足 |

| hé ǎi kě qīn | xīn píng qì hé |
| 和蔼可亲 | 心平气和 |

| qīn rú shǒu zú | zú zú yǒu yú |
| 亲如手足 | 足足有余 |

成语小课堂

★ 聚精会神
【释义】原指集中众人的智慧。后形容注意力高度集中。
【例句】当我进去时，他正聚精会神地在看一本书。

★ 神气十足
【释义】形容自以为了不起而表现出的趾高气扬的样子。
【例句】由于比赛胜利，小明神气十足地出现在新闻发布会上。

★ 足智多谋
【释义】形容智慧丰富，善于谋划。
【例句】张三在同学之中有"小孔明"之称，因为他平时足智多谋。

★ 天兵天将
【释义】神话中指天神的兵将。
【例句】孙悟空大闹天宫，玉皇大帝降旨严惩，无奈天兵天将都对付不了他。

★ 心平气和
【释义】心情平静，态度温和。
【例句】等你心平气和了，我们再来协商这个问题。

聚精会神

zú zhì duō móu
足智多谋

móu shì zài rén chéng shì zài tiān
谋事在人，成事在天

jiāng xīn bǐ xīn
将心比心

tiān bīng tiān jiàng
天兵天将

yú yīn rào liáng
余音绕梁

liáng shàng jūn zǐ
梁上君子

写一写

将
心
君

成语游戏 将含有"心"的成语补充完整。

心平气○　　心心相○

别出心○　　心○体胖

别具○心　　扣人心○

心○诚服　　同心同○

日积月累

八字成语排排坐

谋事在人，成事在天　　千里之行，始于足下

尺有所短，寸有所长　　百尺竿头，更进一步

（七情逐字成语接龙："喜怒忧思悲恐惊"）

写一写

| 喜 |
| 怒 |

xǐ chū wàng wài
喜出望外

xī xiào nù mà
嬉笑怒骂，

jīng gōng zhī niǎo
惊弓之鸟

jīng kǒng wàn fēn
惊恐万分

成语小课堂

★ **喜出望外**

【释义】指因遇到意料之外的喜事而非常高兴。
【例句】没想到老师竟说出这般鼓励的话，让他喜出望外。

★ **内忧外患**

【释义】内部有忧虑，外部有祸患。
【例句】中华民族经历了无数的内忧外患，但坚强不屈的民族精神至今仍在发扬光大。

★ **惊恐万分**

【释义】非常惊讶恐慌，十分害怕。
【例句】听到警察将这间屋子包围了，他惊恐万分，不禁萌生了投降的想法。

jiē chéng wén zhāng	nèi yōu wài huàn
皆成文章	内忧外患
bēi huān lí hé	jū ān sī wēi
悲欢离合	居安思危

写一写

忧
思

★ 惊弓之鸟

【释义】受过箭伤听到弓弦声就惊慌的鸟。比喻受过惊吓而心有余悸、一有动静就惶恐不安的人。

【例句】生活中诸多打击已使她成为惊弓之鸟，最怕没有心理准备的意外。

成语故事

惊弓之鸟

战国时，魏国有一位射箭高手叫更羸。有一天，他和魏王站在高台下面，看见天上飞来一只叫声凄惨的大雁。更羸对魏王说："大王，我不用箭就可以把它射下来。"魏王大吃一惊，十分好奇，于是问他："真的吗？你竟有这种本领？"更羸说："要不大王您让我试一下吧。"

于是，更羸没有从箭袋中取箭就摆开了架势。只见他左手张弓，右手拉弦，对准大雁……"砰"的一声，伴随着弓弦振动的声响，大雁猛地向上飞了两下，便一头栽了下来。

"啊！"魏王惊叹不已，"你怎么练成这绝技的？"更羸说："大王，不是我本事大，只因这大雁受过伤。刚才我看它飞得很慢，听它叫得又很凄惨，心想它必定受了伤还没恢复，加之又失去同伴，肯定胆战心惊。听到弓弦声后，它十分害怕，便使劲往上飞，导致伤口开裂，疼痛难忍，结果就掉了下来。"

写一写

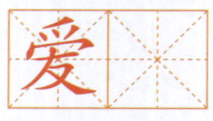

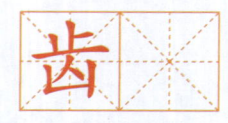

爱 明 齿

ài zēng fēn míng	míng móu hào chǐ
爱憎分明	明眸皓齿

dào kǒu mán tóu	xīn lái zhà dào
到口馒头	新来乍到

tóu yūn mù xuàn	xuàn mù jīng xīn
头晕目眩	眩目惊心

成语小课堂

★ 爱憎分明

【释义】憎：恨。一个人的爱与恨界限清楚，态度鲜明。

【例句】他这个人爱憎分明，从不肯违心地去讨好别人。

★ 明眸皓齿

【释义】指明亮的眼睛，洁白的牙齿。形容容貌美丽。

【例句】她年轻时明眸皓齿，非常漂亮。

★ 头晕目眩

【释义】头脑发昏，眼睛发花。

【例句】跑了800米长跑后，小明感到头晕目眩，随即阵阵呕吐。

chǐ bái chún hóng	hóng xìng chū qiáng
齿白唇红	红杏出墙
tuī chén chū xīn	qiáng dǎo zhòng rén tuī
推陈出新	墙倒众人推
xīn jí rú fén	fén xiāng lǐ bài
心急如焚	焚香礼拜

写一写

推 新 香

★ 心急如焚

【释义】心里急得像火烧一样。形容十分焦急。

【例句】因刚刚弄丢了一份重要的合同，她心急如焚，坐立不安。

成语故事

爱憎分明

北宋名臣包拯28岁就考中了进士，却因信奉"父母在，不远游"的教诲，不去做官，直到父母亡故后才出任天长县知县。在任上他因为断了奇案而声名远扬。他为官刚直不阿，清正廉洁，断案如神。

以前，百姓要打官司，只能在衙门外击鼓喊冤，等到公差转递状子给办案的官员才能开堂审案。很多公差都趁机向告状的人索要银子。如果没钱，就压着状子不送，所以很多百姓因为没钱给公差，有冤无处诉，告状无门。

皇亲国戚都聚集在开封府，这里的案子又多又复杂。包拯升任开封府知府后，执法如山，铁面断案，不依附权贵，敢于替百姓打抱不平；而且百姓要告状，可以直接上公堂，当面向他陈述冤情，不再为无处申诉而发愁。

后世将包拯奉为神明，民间尊称他为"包青天"。

写一写

龙 凤 祥

chē shuǐ mǎ lóng	lóng fèng chéng xiáng
车水马龙	龙凤呈祥

shān qīng shuǐ xiù	zhòng yú tài shān
山清水秀	重于泰山

xiù wài huì zhōng	zhōng liú dǐ zhù
秀外慧中	中流砥柱

成语小课堂

★ 车水马龙
【释义】车子多得像流水，马多得像游龙。形容车马或车辆往来不断，繁华热闹。
【例句】在首都长安街上，车水马龙，热闹非凡。

★ 龙凤呈祥
【释义】龙凤出现呈现出吉祥的征兆，指吉庆之事。
【例句】龙的传人过龙年，龙凤呈祥庆团圆。

★ 重于泰山
【释义】比泰山还要重。多形容价值极高或责任重大。
【例句】曾老师的恩德重于泰山，我没齿难忘。

★ 山清水秀
【释义】形容山水风景优美。
【例句】夏天这里山清水秀，树木成荫，风景非常优美。

★ 德高望重
【释义】道德高尚，名望很大。多用于称年长而名位高的人。
【例句】奶奶德高望重，乡亲邻里都很尊敬她。

车水马龙

xiáng yún ruì qì
祥云瑞气

qì zhuàng shān hé
气壮山河

dé gāo wàng zhòng
德高望重

hé shān zhī dé
河山之德

zhù shí zhī jiān
柱石之坚

jiān dìng bù yí
坚定不移

写一写

河
高
坚

遇见诗词

多少恨，昨夜梦魂①中。
还似旧时游上苑②，车如流水马如龙。
花月③正春风。

——[南唐]李煜（yù）《望江南④》

注释

①梦魂：古人认为在睡梦中人的灵魂会离开肉体，故称"梦魂"。②上苑：封建时代供帝王玩赏、打猎的园林。③花月：花和月，泛指美好的景色。④望江南：词牌名。

大意

有多少遗恨呀，都在昨夜的梦魂中。
梦中好像又回到从前在皇室园林中游乐，车子接连不断像流水一样驰过，马儿络绎不绝像龙一样走动。
花好月圆，春风醉人。

写一写

点 笔 佳

diǎn jīng zhī bǐ	bǐ sǎo qiān jūn
点睛之笔	笔扫千军

shì shì dài dài	yī shēng yī shì
世世代代	一生一世

dài dài xiāng chuán	chuán wéi jiā huà
代代相传	传为佳话

成语小课堂

★ 点睛之笔
【释义】点睛："画龙点睛"的缩略语。笔：文笔。指文章传神绝妙之处。
【例句】这段话在他的演讲中起了至关重要的作用，堪称点睛之笔。

★ 山穷水尽
【释义】到了山和水的尽头，前面再没路可走了。比喻陷入绝境。
【例句】当你的思绪到了山穷水尽的时候，你不妨出去走走，或许会有转机。

★ 一生一世
【释义】从生到死。指一辈子。
【例句】母亲默默而浓重的爱，我们一生一世也偿还不清。

★ 世世代代
【释义】一代又一代。指很多世代。
【例句】这个家族世世代代都生活在这里，守着老祖宗的基业。

★ 代代相传
【释义】一代接一代地传下去。
【例句】这块玉佩是我们家的传家之宝，代代相传，现在爸爸把它交到了我的手上。

点睛之笔

jūn lìng rú shān
军令如山

shān qióng shuǐ jìn
山穷水尽

zhī xíng hé yī
知行合一

jìn rén jiē zhī
尽人皆知

写一写

军
行
合

成语游戏

下面这几个有关"龙"或"虎"的成语,有些是褒义词,有些是贬义词。请你给它们分好类。

画龙点睛
卧虎藏龙
虎视眈眈
龙马精神

照猫画虎
狐假虎威
叶公好龙
生龙活虎

褒义词:

贬义词:

日积月累

含有"笔"字的成语

点睛之笔　笔走龙蛇　妙笔生花　笔歌墨舞
一笔勾销　意在笔先　摇笔即来　神来之笔

63

写一写

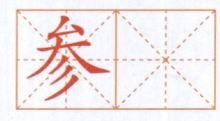

参 劳 达

古木参天 gǔ mù cān tiān
天之骄子 tiān zhī jiāo zǐ
飞黄腾达 fēi huáng téng dá
劳燕分飞 láo yàn fēn fēi
达官贵人 dá guān guì rén
人情冷暖 rén qíng lěng nuǎn

成语小课堂

★ 古木参天

【释义】形容古树非常高大。

【例句】那里古木参天，环境清幽。

★ 天之骄子

【释义】上天的宠儿。现多指地位优越或能力超群的人。

【例句】多年前，他以优异的成绩考上了大学，成为那个时代的"天之骄子"。

★ 心驰神往

【释义】驰：向往，奔向。形容一心向往。

【例句】神秘而迷人的九寨风光令人心驰神往。

★ 人情冷暖

【释义】指受势利观念支配而表现出的对他人或者冷淡或者热情的态度。

【例句】多年前的一场车祸，使他由正常人变为双腿残障的人，其中的人情冷暖，常令他垂泪。

古木参天

zǐ xū wū yǒu　子虚乌有
yǒu kǒu wú xīn　有口无心
wǎng fǎn tú láo　往返徒劳
xīn chí shén wǎng　心驰神往
nuǎn yī bǎo shí　暖衣饱食
shí gǔ bù huà　食古不化

写一写

有　往　衣

成语游戏　让小蜜蜂顺着正确的成语走，它就能走出下面这座成语迷宫哦。

枝	修	竹	长	问
繁	林	报	问	短
叶	茂	平	好	小
乐	居	安	学	精
业	精	于	勤	悍

日积月累

与树木相关的成语

古木参天　树大根深　苍松翠柏　根深叶茂
绿树成荫　铁树开花　枝繁叶茂　李代桃僵

写一写

朗
陈

lǎng lǎng shàng kǒu 朗朗上口

kǒu ěr xiāng chuán 口耳相传

chōng fēng xiàn zhèn 冲锋陷阵

nù qì chōng chōng 怒气冲冲

成语小课堂

★ **朗朗上口**

【释义】朗朗：形容声音清晰响亮。指诵读时的声音清晰而顺口。

【例句】他写的诗读起来朗朗上口。

★ **口耳相传**

【释义】口说耳听，递相传授。

【例句】民歌不借助于记谱法或其他手段，主要依靠人民群众口耳相传。

★ **生机勃勃**

【释义】形容生命力旺盛，富有朝气，充满活力。

【例句】一条条道路铺好了，一车车物资运来了，一座座工厂投产了……这里到处是生机勃勃的景象。

朗朗上口

chuán wéi měi tán
传为美谈

tán xiào fēng shēng
谈笑风生

bó rán dà nù
勃然大怒

shēng jī bó bó
生机勃勃

写一写
谈
笑

成语游戏 下面这些表现军旅生活的成语都含有一个错别字，请你找出来，并将正确的字写出来。

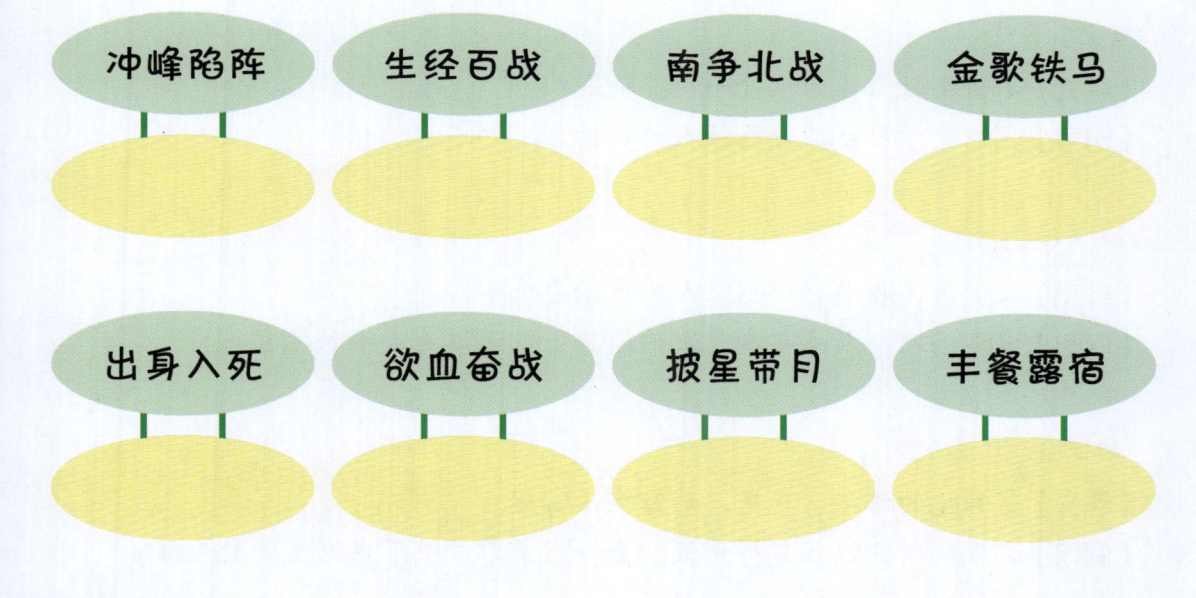

冲峰陷阵　　生经百战　　南争北战　　金歌铁马

出身入死　　欲血奋战　　披星带月　　丰餐露宿

日积月累

与诵读相关的成语
朗朗上口　声情并茂　书声琅琅
有声有色　娓娓动听　抑扬顿挫

67

写一写

寿　类

shě jǐ jiù rén
舍己救人

rén shòu nián fēng
人寿年丰

fēn wén bù qǔ
分文不取

lèi jù qún fēn
类聚群分

成语小课堂

★ 舍己救人
【释义】不惜牺牲自己的生命而去拯救别人。
【例句】我们要学习英雄舍己救人的精神。

★ 人寿年丰
【释义】人健康，收成好。形容人民生活安乐美好。
【例句】风调雨顺，人寿年丰，人们的脸上都洋溢着幸福的笑容。

★ 丰衣足食
【释义】穿的吃的都丰富充足。形容生活富裕。
【例句】那里的村民以往穷得讨饭，如今家家都过上了丰衣足食的生活。

★ 化为乌有
【释义】乌有：不存在。指事物全部消失或希望等完全落空。
【例句】引线点着了，炸药包爆炸了，敌方碉堡顷刻之间化为乌有。

舍己救人

fēng yī zú shí　　shí gǔ bù huà
丰衣足食　　食古不化

yǒu jiào wú lèi　　huà wéi wū yǒu
有教无类　　化为乌有

写一写

丰
食

成语游戏

形容身材的成语有很多，有些用于女性，有些用于男性。请把下面的成语分好类吧。

娇小玲珑　短小精悍　削肩细腰　五大三粗
纤腰楚楚　虎背熊腰　亭亭玉立　人高马大

女性专用　　男性专用

日积月累

与教育相关的成语

有教无类　言传身教　孟母三迁　因材施教
循循善诱　为人师表　见贤思齐　诲人不倦

写一写

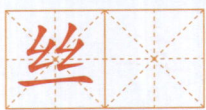

丝　手　里

（数字成语接龙）

一丝一毫 → 二三其德 → 八斗之才 → 七手八脚 → 九死一生 → 十里长亭

成语小课堂

★ 一丝一毫

【释义】形容极其微小。

【例句】这是集体的财产，一丝一毫都不能侵占。

★ 三更半夜

【释义】旧时把一夜分成五个更次，每更约两小时，三更相当于夜间12点左右。泛指深夜。

【例句】还有不到十天就要考试了，他临阵磨枪，三更半夜才睡觉。

★ 四海为家

【释义】四海：指全中国。为：当成。指帝王占有四海，统一全国。也指漂泊在外，居无定所，到处都可以当成家。

【例句】他独自一人，无牵无挂，四海为家。

★ 五谷丰登

【释义】五谷：一般指稻、黍（shǔ，黄米）、稷（jì，高粱、谷子或不黏的黄米）、麦、菽（shū，豆类），泛指粮食作物。登：庄稼成熟。形容年成好，粮食丰收。

【例句】今年风调雨顺，五谷丰登，农民们的辛勤劳作终于有了好的回报。

★ 七手八脚

【释义】许多人一齐动手。形容做事的人多或手忙脚乱。

【例句】大家七手八脚，一会儿就把新桌椅搬进了教室。

sān gēng bàn yè
三更半夜

sì hǎi wéi jiā
四海为家

liù shén wú zhǔ
六神无主

wǔ gǔ fēng dēng
五谷丰登

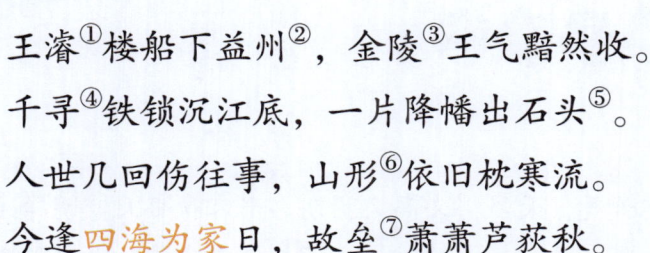

写一写

海
主
谷

遇见诗词

王濬①楼船下益州②，金陵③王气黯然收。
千寻④铁锁沉江底，一片降幡出石头⑤。
人世几回伤往事，山形⑥依旧枕寒流。
今逢四海为家日，故垒⑦萧萧芦荻秋。

——[唐]刘禹锡《西塞山怀古》

注释

①王濬（jùn）：晋时益州刺史。②益州：晋时郡治，今成都。③金陵：吴国都城，今南京。④寻：古代以八尺为一寻。⑤石头：石头城，故址在今南京。⑥山形：指西塞山险要的地势。⑦故垒：指六朝以来作战工事的遗迹。

大意

王濬的战舰沿江东下离开益州，金陵的王气黯然消失。一条条铁链沉入江底，一面面投降的白旗挂在石头城头。世人伤感这样的事情已有好几次，西塞山依旧紧靠长江。而今四海一统的时候，芦荻长满故垒，在秋风中萧萧作响。

(《千字文》逐字成语接龙:"天地玄黄 宇宙洪荒")

写一写

高
气

tiān gāo qì shuǎng
天高气爽

dì guǎng rén xī
地广人稀

huāng wú rén yān
荒无人烟

hóng fú qí tiān
洪福齐天

成语小课堂

★ 天高气爽
【释义】秋天少云气,天显得又高又明朗。形容秋日天空明净,气候凉爽宜人。
【例句】天高气爽、暑威尽退的时候,若来这里小住,是再理想不过的了。

★ 黄钟大吕
【释义】形容音乐或文辞庄严、高妙,气势宏大。
【例句】这首乐曲如黄钟大吕,震撼人心。

★ 荒无人烟
【释义】偏僻荒凉,没有人家。
【例句】探险队跋涉在荒无人烟的雪域高原。

天高气爽

xuán miào rù shén
玄妙入神

huáng zhōng dà lǚ
黄钟大吕

qì tūn yǔ zhòu
气吞宇宙

shēng zhèn huán yǔ
声振寰宇

写一写

玄
宇

成语游戏

"天"和"地"是一对好朋友，经常一起出现在成语中，请你将以下拆散的含有"天、地"的成语连起来吧。

顶天　天长　冰天　天高　天翻　惊天

动地　雪地　立地　地久　地厚　地覆

日积月累

与宇宙相关的成语

气吞宇宙　斗转星移　流星赶月　众星捧月
神秘莫测　九霄云外　无穷无尽　无边无际

写一写

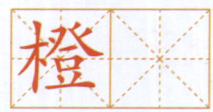

赤
橙

（按颜色"赤橙黄绿青蓝紫"的顺序接龙）

chì zǐ zhī xīn
赤子之心

chéng huáng jú lǜ
橙黄橘绿

zǐ qì dōng lái
紫气东来

lán tián shēng yù
蓝田生玉

成语小课堂

★ 赤子之心
【释义】赤子：初生的婴儿。比喻天真纯洁的心。
【例句】这是多么深沉的爱！多么纯洁的赤子之心！

★ 橙黄橘绿
【释义】橙子黄了，橘子绿了。指秋季景物。
【例句】候鸟南飞，树叶飘零，转眼又到了一年橙黄橘绿之时。

★ 绿树成荫
【释义】形容树木枝叶茂密，形成树荫。
【例句】夏日的公园里绿树成荫，附近的居民都爱在树下纳凉。

赤子之心

huáng zhōng dà lǚ
黄钟大吕

lǜ shù chéng yīn
绿树成荫

qīng chū yú lán ér shèng yú lán
青出于蓝而胜于蓝

写一写

黄

绿

遇见诗词

荷尽①已无擎雨盖②，菊残犹有傲霜③枝。
一年好景④君须记，最是橙黄橘绿时。

——[宋]苏轼《赠刘景文⑤》

注释

①尽：这里指凋败的意思。②擎雨盖：这里比喻舒展的荷叶。
③傲霜：不怕霜冻。④好景：好时光。⑤刘景文：苏轼的好朋友。

大意

荷叶凋残了，不能像雨伞一样撑起遮挡雨滴，
菊花虽枯萎，但仍有挺拔的枝条在霜雪中挺立。
一年中的好时光你要记住，
最美的景色正是橙子黄橘子绿的秋末
冬初之时。

练一练

一、看拼音，写成语。

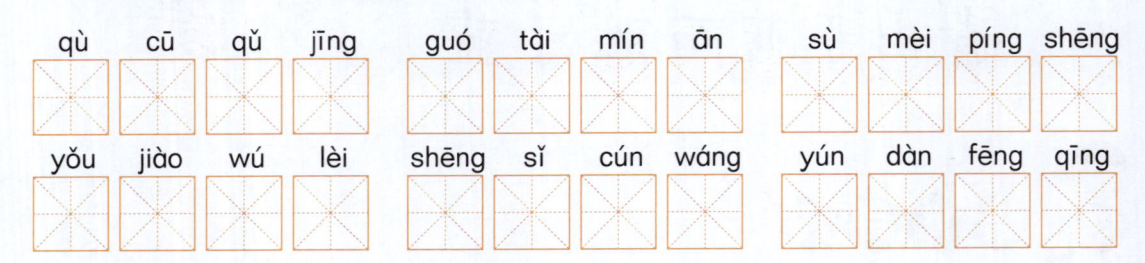

qù	cū	qǔ	jīng	guó	tài	mín	ān	sù	mèi	píng	shēng

yǒu	jiào	wú	lèi	shēng	sǐ	cún	wáng	yún	dàn	fēng	qīng

二、看图猜成语。

1.  _____ 2. _____

三、寻找近义词。

画饼充饥　表里不一　走马观花　别具一格　过眼云烟　镜花水月

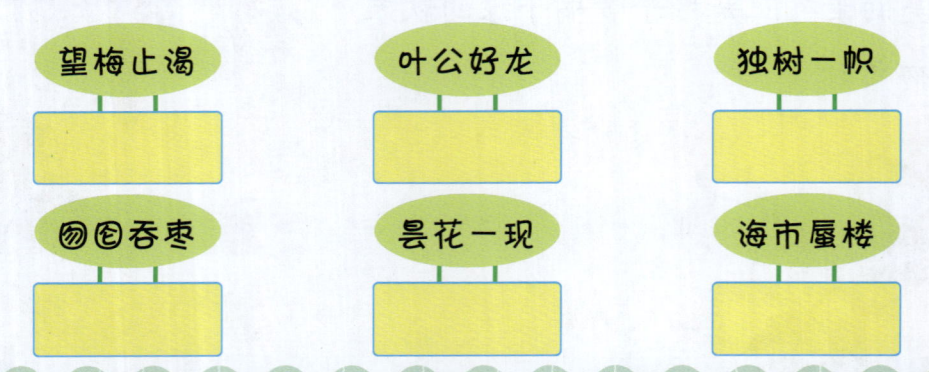

望梅止渴　　　　　叶公好龙　　　　　独树一帜

囫囵吞枣　　　　　昙花一现　　　　　海市蜃楼

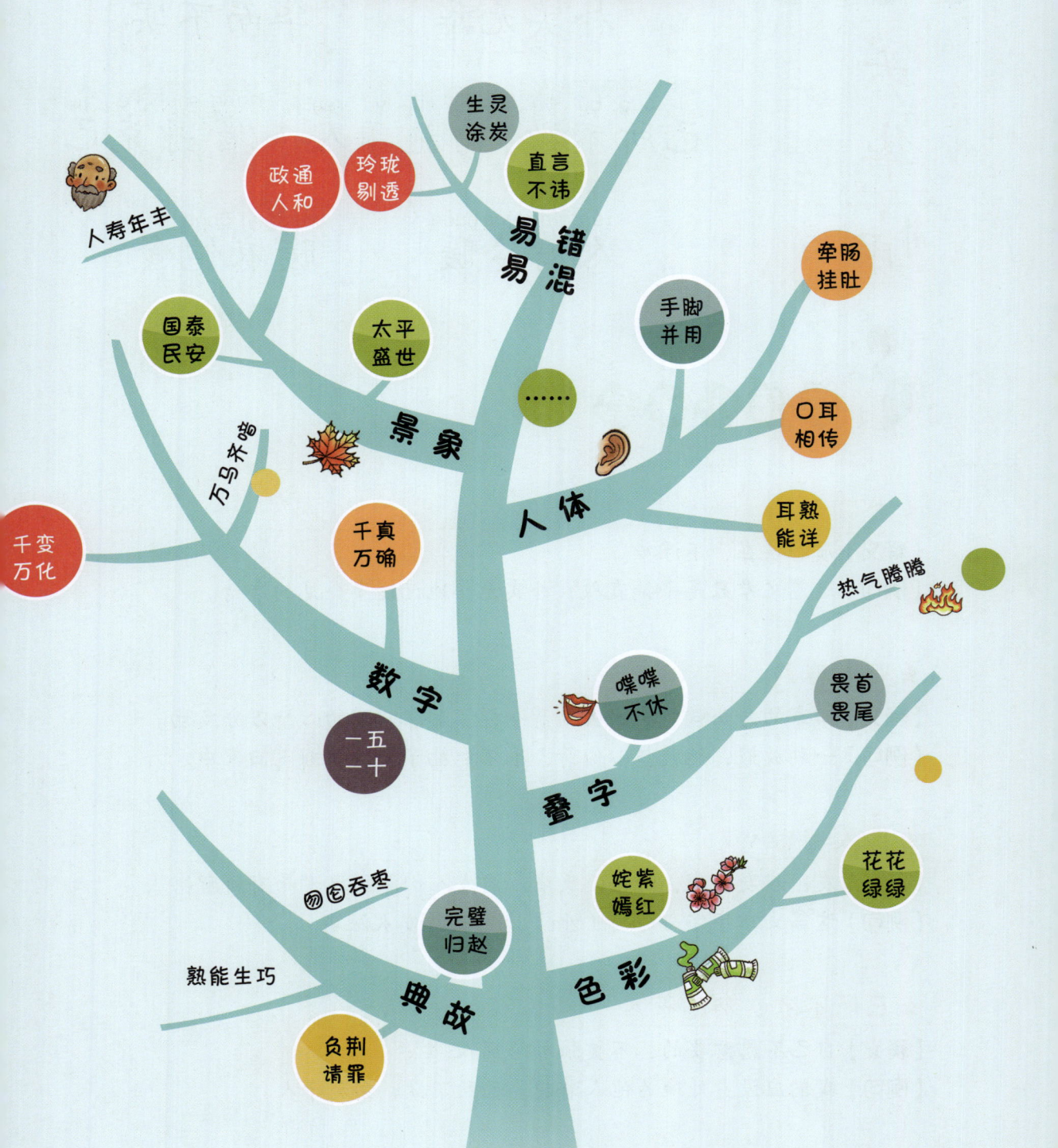

五年级

- 人寿年丰
- 政通人和
- 玲珑剔透
- 生灵涂炭
- 直言不讳
- **易错易混**
- 国泰民安
- 太平盛世
- 手脚并用
- 牵肠挂肚
- ……
- 口耳相传
- **景象**
- 万马齐喑
- 千变万化
- 千真万确
- **人体**
- 耳熟能详
- 热气腾腾
- **数字**
- 喋喋不休
- 畏首畏尾
- 一五一十
- **叠字**
- 囫囵吞枣
- 姹紫嫣红
- 花花绿绿
- 完璧归赵
- 熟能生巧
- **典故**
- **色彩**
- 负荆请罪

写一写

实 华 情

pǔ shí wú huá	huá ér bù shí
朴实无华	华而不实

jǐ suǒ bù yù, wù shī yú rén	xǐng shēn kè jǐ
己所不欲，勿施于人	省身克己

rén qíng lěng nuǎn	nuǎn yī bǎo shí
人情冷暖	暖衣饱食

成语小课堂

★ **朴实无华**

【释义】质朴实在，不浮华。

【例句】这篇文章只是平铺直叙、朴实无华地记述了会见的事情。

★ **归心似箭**

【释义】回家的念头就像射出去的箭一样。形容回家的心情万分急切。

【例句】一到放假，她就归心似箭，恨不能插了翅膀立刻飞回家中。

★ **发人深省**

【释义】发：启发。省：醒悟，反省。启发人们深刻思考而有所醒悟。

【例句】这篇文章字字句句掷（zhì）地有声，发人深省。

★ **己所不欲，勿施于人**

【释义】自己不愿意要的，不要强加给别人。

【例句】我们应设身处地为他人着想，己所不欲，勿施于人。

朴实无华

实至名归　归心似箭

发人深省　箭不虚发

食不甘味　味同嚼蜡

写一写

归　省　甘

遇见诗词

已从招提①游，更宿招提境。阴壑②生虚籁③，月林散清影。天阙④象纬⑤逼，云卧衣裳冷。欲觉闻晨钟，令人发深省。

——[唐]杜甫《游龙门奉先寺⑥》

注释

①招提：梵语，意为四方，四方之僧为招提僧，此指寺僧。②阴壑：幽暗的山谷。③虚籁：指风声。④天阙：本为星名，此指龙门。⑤象纬：这里指夜空中的星辰。⑥龙门奉先寺：河南洛阳龙门石窟之首。

大意

已经有幸在寺僧的引导下游览了奉先寺，晚上又住在了这寺中。

只听得幽暗的山谷里响起了阵阵风声，透过树枝看到那月光闪烁着清朗的光影。

那高耸的龙门山好像靠近了天上的星辰，（夜宿奉先寺）如卧云中，只觉得寒气透衣。

将要醒来之时，听到佛寺晨钟敲响，那钟声扣人心弦，令人生发警悟。

写一写

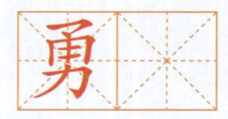

来 方 勇

lái rì fāng cháng	cháng tú bá shè
来日方长	长途跋涉

yǒng wǎng zhí qián	sǎn bīng yóu yǒng
勇往直前	散兵游勇

qián fǔ hòu yǎng	yǎng bù kuì tiān
前俯后仰	仰不愧天

成语小课堂

★ **来日方长**
【释义】表示事有可为，或劝人不必急于做某事。
【例句】别放弃，你正当青春年少，来日方长，前途无量！

★ **长途跋涉**
【释义】翻山渡水走长路。形容旅途艰辛。也比喻长期不懈地努力。
【例句】经过半个月的长途跋涉，他们终于来到了水旱相连的边缘地带。

★ **山崩地裂**
【释义】山崩塌，地开裂。比喻声势很大，变化剧烈。
【例句】一声山崩地裂般的巨响，那座三十层的高楼被定向爆破，轰然倒塌。

★ **云开雾散**
【释义】云和雾都消散了。比喻怨愤、疑虑等消失得干干净净。
【例句】太阳出来了，山谷间云开雾散，一座座清秀的山峰重新又显露出来。

★ **勇往直前**
【释义】勇敢地一直向前进。
【例句】不管未来有多困难，我都会勇往直前，坚定自己的目标，决不放弃。

来日方长

shè hǎi dēng shān
涉海登山

shān bēng dì liè
山崩地裂

yún kāi wù sàn
云开雾散

liè shí chuān yún
裂石穿云

写一写

山
石
云

成语游戏 请把以下包含"前、后"的成语补充完整。

前俯后◯

前人栽◯，后人乘◯

前事不◯，后事之◯

前无◯人，后无◯者

前怕◯，后怕◯

前不巴◯，后不着◯

日积月累

含有"云"字的成语

云开雾散　行云流水　翻云覆雨　宾客如云
腾云驾雾　风卷残云　云蒸霞蔚　云中白鹤

写一写

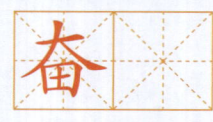

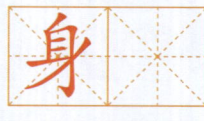

奋 身 沙

- fèn bù gù shēn 奋不顾身
- shēn wú fēn wén 身无分文
- lěi tǔ jù shā 累土聚沙
- rì jī yuè lěi 日积月累
- shā lǐ táo jīn 沙里淘金
- jīn bì huī huáng 金碧辉煌

成语小课堂

★ 奋不顾身
【释义】振作精神,奋勇直前,不考虑个人安危。
【例句】他奋不顾身地跳进湍急的河流,救起了不慎落水的小孩。

★ 身无分文
【释义】身上没有一文钱。形容一贫如洗。
【例句】他路上遭遇小偷,身无分文,幸好路人相助,才安全回到故乡。

★ 文质彬彬
【释义】形容人举止文雅,态度端庄从容。
【例句】别看他外表文质彬彬,做事可是风风火火的。

★ 彬彬有礼
【释义】彬彬:文雅的样子。形容举止文雅,对人有礼貌。
【例句】导游小姐彬彬有礼的服务受到中外游客的一致好评。

★ 日积月累
【释义】长时间地积累。
【例句】丰富的知识是靠勤奋学习,日积月累得来的。

★ 金碧辉煌
【释义】形容华丽精致,光彩耀目。
【例句】远远望去,布达拉宫高耸入云,金碧辉煌,巍峨壮观。

奋不顾身

文质彬彬　彬彬有礼
士别三日　礼贤下士

写一写：质　礼　贤

成语故事

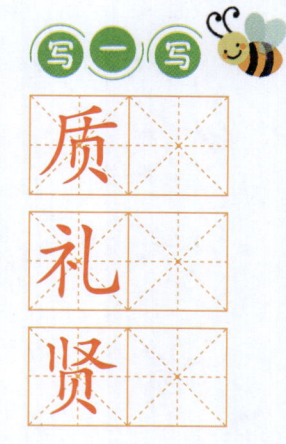

奋不顾身

李陵是"飞将军"李广的孙子，精通兵法，深受汉武帝的器重。

汉武帝派李广带领八万大军讨伐匈奴，李陵负责押运粮草。他率领五千步兵，与匈奴单于的八万大军相遇。经过八昼夜惨烈的激战，李陵斩杀匈奴一万多人，但最后兵败粮亏，投降敌方。朝中大臣纷纷指责李陵虽忠不烈，没有骨气。而且这时又传来李陵替匈奴练兵的消息。汉武帝非常生气。这时史官司马迁却说："我和李陵没啥交情，但他为人义气，孝顺父母，对将士们也好，常想着奋不顾身去解救灾难中的民众。当时，兵少将寡，前无援兵，后无粮草，归路被切断，投降是不得已。也许，他只是为了等待机会再回到大汉。"

汉武帝认为他是替李陵辩护，让他受了"腐刑"，并灭了李陵三族。李陵知道后很痛心，在匈奴娶妻成家，至死没回大汉，未能实现他奋不顾身、为国捐躯的愿望。

写一写

饮		
发		
省		

yǐn shuǐ sī yuán 饮水思源 **yuán yuán bù duàn** 源源不断

fā rén shēn xǐng 发人深省 **jiù bìng fù fā** 旧病复发

xǐng shēn kè jǐ 省身克己

成语小课堂

★ 饮水思源

【释义】喝水时想到水的源头或来源。比喻不忘本。

【例句】我能有今天的成就，饮水思源，多亏了李厂长对我的栽培。

★ 源源不断

【释义】源源：水流不断的样子。形容连续不断。

【例句】建筑材料正源源不断地运往工地。

★ 顾影自怜

【释义】望着自己的影子，自己怜惜自己。形容孤独失意。也指自我欣赏。

【例句】她虽然经历了不少坎坷，但从不顾影自怜。

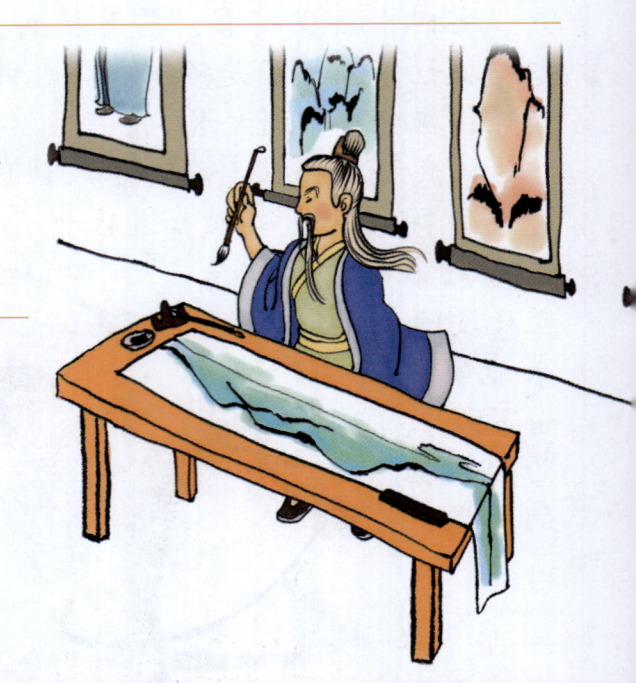

饮水思源

duàn zhāng qǔ yì　　yì wú fǎn gù
断章取义　　义无反顾

lián xīn qì jiù　　gù yǐng zì lián
怜新弃旧　　顾影自怜

jǐ suǒ bù yù，wù shī yú rén
己所不欲，勿施于人

写一写

自
怜
所

★ **发人深省**

【释义】启发人们深刻思考而有所醒悟。

【例句】这篇文章字字句句掷地有声，发人深省。

成语游戏　选择合适的字，组成成语过河。

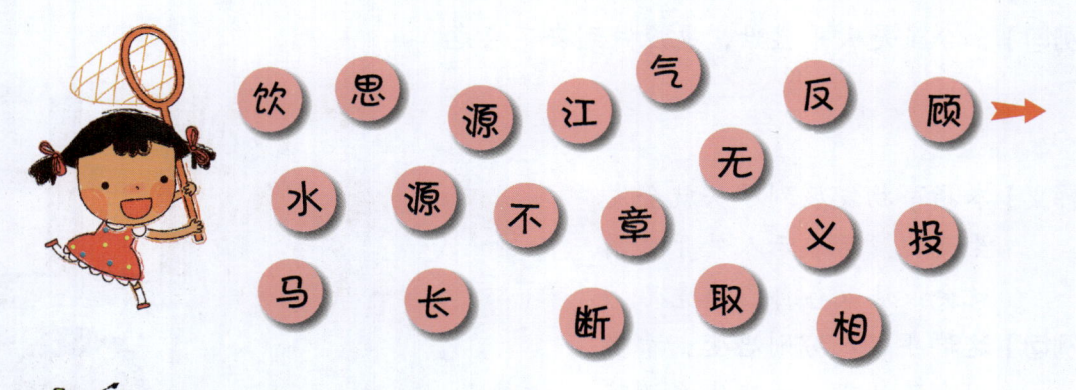

饮　思　源　江　气　反　顾
水　源　不　章　无　　投
马　长　　断　取　义　相

日积月累

含有"新""旧"两个字的成语

怜新弃旧　无旧无新　破旧立新　舍旧谋新

除旧布新　旧瓶新酒　半新半旧　新仇旧恨

写一写

太
世
深

tài píng shèng shì
太平盛世

shì tài rén qíng
世态人情

duān běn zhèng yuán
端本正源

biàn huà duō duān
变化多端

yuán shēn liú cháng
源深流长

cháng tú bá shè
长途跋涉

成语小课堂

★ **太平盛世**

【释义】指社会安定、政治清明、经济兴盛的时代。

【例句】如今虽是太平盛世，也应做到安不忘危。

★ **穷则思变**

【释义】本指事物发展到尽头就会发生变化。后表示人处于穷困就会设法改善自己的境况。

【例句】这群年轻人穷则思变，希望用自己的努力改变家乡的落后面貌。

太平盛世

qíng tóu yì hé	hé qíng hé lǐ
情投意合	合情合理

qióng zé sī biàn	lǐ qū cí qióng
穷则思变	理屈词穷

写一写

理
变
穷

成语游戏 请填入恰当的字，组成关于变化的成语。

变化多（　）　　　　沧海（　）田

斗转星（　）　　　　翻天（　）地

恍如（　）世　　　　今非（　）比

时过（　）迁　　　　日（　）月异

日积月累

ABAC 形式的常用成语

合情合理　不屈不挠　再接再厉　古色古香
任劳任怨　同心同德　全心全意　大彻大悟

写一写

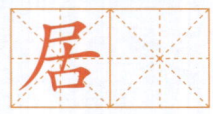

居
危

jū ān sī wēi	wēi jí cún wáng
居安思危	危急存亡

qín qín kěn kěn	yè jīng yú qín
勤勤恳恳	业精于勤

成语小课堂

★ **居安思危**

【释义】处于安定的环境中要想到可能产生的危险或困难。

【例句】即使在和平年代，我们也要居安思危，提高警惕，保卫祖国的锦绣江山。

★ **名不虚传**

【释义】流传开来的名声不虚假。形容确实很好。

【例句】都说桂林山水甲天下，今日一见，果然名不虚传。

★ **勤勤恳恳**

【释义】对人态度诚挚；工作勤劳踏实。

【例句】他在平凡的岗位上勤勤恳恳地工作了一辈子。

居安思危

wáng mìng zhī tú	tú yǒu xū míng
亡命之徒	徒有虚名

chuán dào shòu yè	míng bù xū chuán
传道授业	名不虚传

写一写

亡
名

成语故事

居安思危

春秋时期，晋、宋等联合十二国诸侯盟军，一起攻打郑国。郑僖公和大臣们商量对策，有人说："我们国力弱小，还是向晋国求和比较好。"

郑僖公派人给晋国送去了乐师、歌女、上百辆车马、金银珠宝等很多礼物。晋悼公收到贺礼，高兴得合不拢嘴，同意停止进攻郑国，然后把这些贡品赏给大臣们。

晋悼公还特意叫魏庄子来，说道："魏卿，你是晋国的栋梁，这些年跟着我南征北战，功不可没，咱们君臣配合融洽，把这些美女分你一半，让咱们一起享乐吧！"魏庄子说："咱们晋国之所以有今天，靠的是您的英明领导、卓越才能和大臣们的同心合力，我个人所做的不值一提。有句话说得好：居安思危，思则有备，有备而无患，才能保晋国康泰永固。"

魏庄子心系国家安危和百姓疾苦，晋悼公听后深感惭愧，从此更加敬重他。

写一写

千　界

（按大小多少、长短高低的顺序接龙）

大千世界 dà qiān shì jiè → **小心翼翼** xiǎo xīn yì yì

低吟浅唱 dī yín qiǎn chàng → **高山流水** gāo shān liú shuǐ

成语小课堂

★ 大千世界

【释义】原为佛教用语，世界的千倍叫小千世界，小千世界的千倍叫中千世界，中千世界的千倍叫大千世界。后用来指广阔无边的世界。

【例句】人类探索大千世界奥秘的活动从来没有停止过。

★ 小心翼翼

【释义】翼翼：恭敬谨慎的样子。形容人做事十分谨慎。

【例句】这件实验仪器非常精密昂贵，大家一定要小心翼翼，轻拿轻放，以免损坏。

★ 少言寡语

【释义】不爱说话，沉默寡言。

【例句】这孩子平常少言寡语，性格内向，把自己藏得很深，要接近她的内心很难。

★ 短小精悍

【释义】形容人身材矮小而精明强干。也形容文章、戏剧等篇幅短而有力。

【例句】别看小明个子不高，但是短小精悍。

★ 高山流水

【释义】"高山""流水"本为伯牙蕴涵于古琴曲中的两种寓意，伯牙每奏一曲，钟子期都能领会。比喻知音相赏。也比喻乐曲高妙。

【例句】如此高山流水之曲，令人耳目一新，久久难忘。

大千世界

多多益善 (duō duō yì shàn)　　**少言寡语** (shǎo yán guǎ yǔ)

短小精悍 (duǎn xiǎo jīng hàn)　　**长篇大论** (cháng piān dà lùn)

写一写

多
言

成语游戏

下面都是含有"小"字的成语，请将它们补充完整。

小□翼翼

小□鸡肠

小□碧玉

小□玲珑

日积月累

含有"大""小"两个字的成语

大同小异　　因小失大　　大材小用

以小见大　　大街小巷　　欺大压小

（诗句逐字成语接龙："海上生明月，天涯共此时"）

写一写：刀、火、曾

dāo shān huǒ hǎi	hòu lái jū shàng
刀山火海	后来居上

huàn nàn yǔ gòng	xué hǎi wú yá
患难与共	学海无涯

yī hán rú cǐ	céng jǐ hé shí
一寒如此	曾几何时

成语小课堂

★ **刀山火海**
【释义】刀插成的山、火构成的海。比喻非常危险和困难的地方。
【例句】即使前面是刀山火海，我们也敢闯。

★ **栩栩如生**
【释义】形容非常生动逼真，像活的一样。
【例句】雕刻大师的这幅作品栩栩如生，令人叹为观止。

★ **灯火通明**
【释义】形容灯光非常明亮。
【例句】已经是晚上十点了，办公室里却灯火通明，大家还在努力工作。

★ **清风朗月**
【释义】清凉的风，明朗的月色。形容清凉幽静的自然美景。也指清雅闲适。
【例句】这里清风朗月、鸟语花香，环境真是太优美了。

★ **学海无涯**
【释义】学问的海洋是无边无际的。比喻学习知识永远也没有完结的时候。
【例句】年近七十岁的李教授每天还在翻看中外文献，真是学海无涯啊！

刀山火海

xǔ xǔ rú shēng	dēng huǒ tōng míng
栩栩如生	灯火通明
zuò jǐng guān tiān	qīng fēng lǎng yuè
坐井观天	清风朗月

写一写

明 观 朗

成语故事

后来居上

汲黯为人耿直，好直言政事，汉武帝称其为"社稷之臣"。一次河内郡发生火灾，他奉命去调查，发现当地灾害严重，人民缺衣少食，他便假传圣旨，开仓放粮。汉武帝认为汲黯贤良，没追究他欺君之罪，而派他去荥阳做县令。汲黯认为当县令是在羞辱他，就辞职回家了。汉武帝听说后便调他回京。没多久他又因直谏惹怒汉武帝，被外放东海郡做太守。

汲黯把东海郡治理得很好，汉武帝又把他调回京城升为主爵都尉，位列九卿。汉武帝独尊儒术，推行仁政。汲黯说："陛下只是表面上实行仁政，怎么能真正仿效尧舜的政绩呢？"汉武帝被气得直接宣布罢朝。

汲黯数次惹恼皇上，多年来官职没有上升，而原来一些官位比他低的人却平步青云，高高在上。汲黯发牢骚说："陛下用人和堆柴草一样，总是后来者居上啊！"汉武帝无语，背后和大臣说："汲黯又犯病了。"

（注："后来居上"原指资历浅的人的地位居于资历深的人之上。后用以称赞后起的超过先前的。）

写一写

成
汗

（按上下左右的顺序成语接龙）

chéng qiān shàng wàn
成千上万

hàn rú yǔ xià
汗如雨下

zuǒ yòu kāi gōng
左右开弓

zuǒ yòu wéi nán
左右为难

成语小课堂

★ 成千上万
【释义】累计成千，成万。形容数量非常多。
【例句】造假骗得了几个人，骗不了成千上万的人。

★ 汗如雨下
【释义】形容出汗很多，如下雨一样。
【例句】她没注意到那块石头，被绊了一跤，浑身一颤，汗如雨下。

★ 左膀右臂
【释义】比喻得力的助手。
【例句】班长小华办事很认真，她是王老师的左膀右臂。

★ 左顾右盼
【释义】向左右两边看。指洋洋得意的样子。也指犹豫不决的样子。
【例句】他在大街上左顾右盼，好像在等谁。

★ 七上八下
【释义】形容心神慌乱不定、忐忑不安的样子。
【例句】想着白天发生的事，我心中七上八下，不知如何是好。

★ 居高临下
【释义】站在高处，俯视下方。形容处于有利的地形或地位。
【例句】敌人在山上居高临下，我们在这里很容易受到攻击。

成千上万

zuǒ bǎng yòu bì	zuǒ gù yòu pàn
左膀右臂	左顾右盼
jū gāo lín xià	qī shàng bā xià
居高临下	七上八下

写一写

左
右

成语故事

左右开弓

　　唐玄宗在位时，为了加强边防，朝廷在边境重地设立了十个军镇，以节度使为长官。当时，有一个叫安禄山的节度使深得唐玄宗的赏识。

　　有一次，唐玄宗在京城召见安禄山。安禄山到了长安后，特意装出一副傻乎乎的样子，而且他又长得特别肥胖，大肚子凸起，身材矮矮的。唐玄宗被他这副样子逗乐了，指着安禄山的大肚子开玩笑说："这么大的肚子，里面装的是什么呢？"安禄山不假思索地答道："没有别的，只有一颗效忠陛下的赤诚之心。"

　　唐玄宗一听更高兴了："你的心朕知道了，身手武艺怎样呢？"安禄山说："我精通十八般武艺，尤其射箭能够左右开弓，而且精通多种语言。"

　　唐玄宗一听更觉得他才干卓绝，对他更加赏识，不但常与他饮酒作乐，还让杨贵妃把他收作干儿子，允许他在内宫随便进出，待他像家人一样亲。

　　（注："左右开弓"指两手轮流做某一动作，或者同时做某一动作。）

（按"花草树木、梅兰竹菊"的顺序逐字成语接龙）

写一写

花
草

花团锦簇 huā tuán jǐn cù

草长莺飞 cǎo zhǎng yīng fēi

菊老荷枯 jú lǎo hé kū

竹篮打水 zhú lán dǎ shuǐ

成语小课堂

★ **花团锦簇**

【释义】像聚集到一起的花朵与锦绣。形容五彩缤纷、灿烂绚丽的景象。

【例句】公园里花团锦簇，景色宜人。

★ **草长莺飞**

【释义】绿草丰茂，黄莺飞舞。形容江南明媚的春景。

【例句】阳春三月，百花齐放，草长莺飞，到处一片春光融融的景象！

★ **竹篮打水**

【释义】指白费力气，付出了劳动，却没有成效。

【例句】我们花了整天时间做这个计划，最后还是没有成功，真是竹篮打水一场空。

花团锦簇

shù dà gēn shēn
树大根深

mù yǐ chéng zhōu
木已成舟

lán guì qí fāng
兰桂齐芳

méi qī hè zǐ
梅妻鹤子

写一写

树

梅

遇见诗词

草长莺飞二月天,拂堤杨柳①醉春烟②。
儿童散学③归来早,忙趁东风放纸鸢。

——[清]高鼎《村居》

注释

①拂堤杨柳:杨柳枝条很长,垂下来微微摆动,像是在抚摸堤岸。
②春烟:春天田野、树林中升起的雾气。③散学:放学。

大意

早春二月,青草渐渐长高,黄莺飞舞,
杨柳拂岸,在春雾中姿态妩媚醉人。
村里的孩子们早早地放学回家了,
趁东风徐徐,赶忙把风筝高高放飞。

（按太阳系八大行星的首字顺序成语接龙：水星、金星、地球、火星、木星、土星、天王星、海王星）

写一写

水寸金

shuǐ tiān xiāng jiē
水天相接

yī cùn guāng yīn yī cùn jīn
一寸光阴一寸金

bīng lái jiàng dǎng　shuǐ lái tǔ yǎn
兵来将挡，水来土掩

tiān gāo dì kuò
天高地阔

bǎi chuān guī hǎi
百川归海

成语小课堂

★ **水天相接**

【释义】水和天相连接。形容水域辽阔的景象。

【例句】太阳渐渐从水天相接的地方落下去，黑夜笼罩了沙滩。

★ **一寸光阴一寸金**

【释义】指时光可贵，必须珍惜。

【例句】俗话说，一寸光阴一寸金，我们要抓紧一切时间刻苦学习。

★ **顶天立地**

【释义】头顶青天，脚踏大地。形容形象高大，气概雄伟豪迈。

【例句】感恩磨难，他锻造了一个个顶天立地的男子汉。

★ **兵来将挡，水来土掩**

【释义】比喻根据不同情况采取灵活的对策进行应对。

【例句】遭遇困难时不要惊慌，兵来将挡，水来土掩，总会有解决的办法的。

★ **百川归海**

【释义】条条江河流入大海。比喻众多分散的事物汇集到一个地方。也比喻众望所归或大势所趋。

【例句】全国有许多大学毕业生如百川归海般，申请到祖国艰苦的大西北去工作。

水天相接

写一写

| dǐng tiān lì dì | jiāo yáng sì huǒ |
| 顶天立地 | 骄阳似火 |

shí nián shù mù　　bǎi nián shù rén
十年树木，百年树人

地
百
年

成语游戏 请帮下面成语的上半句找出下半句吧。

十年树木 → ☐　　　近朱者赤 → ☐

金玉其外 → ☐　　　宁为玉碎 → ☐

呼之即来 → ☐

精诚所至 → ☐

千里之行 → ☐

日积月累

包含五行（金、木、水、火、土）的成语
金无足赤　木本水源　水滴石穿　火树银花　土生土长

练一练

一、看拼音，写成语。

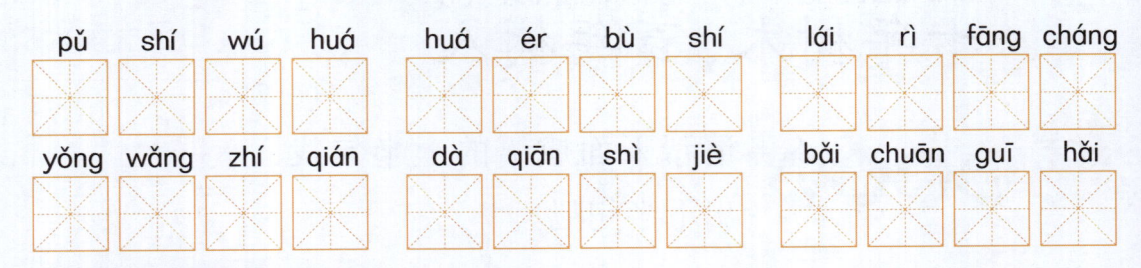

pǔ	shí	wú	huá	huá	ér	bù	shí	lái	rì	fāng	cháng

yǒng	wǎng	zhí	qián	dà	qiān	shì	jiè	bǎi	chuān	guī	hǎi

二、看图猜成语。

1. _____ 2. _____

三、请找出下列成语中的错别字，并将正确的字写在下方椭圆圈内。

- 狡兔三哭
- 指路为马
- 汉牛充栋
- 草长鹰飞
- 鼠木寸光
- 虎头熊尾
- 一实二鸟
- 沉鱼落燕

六 年 级

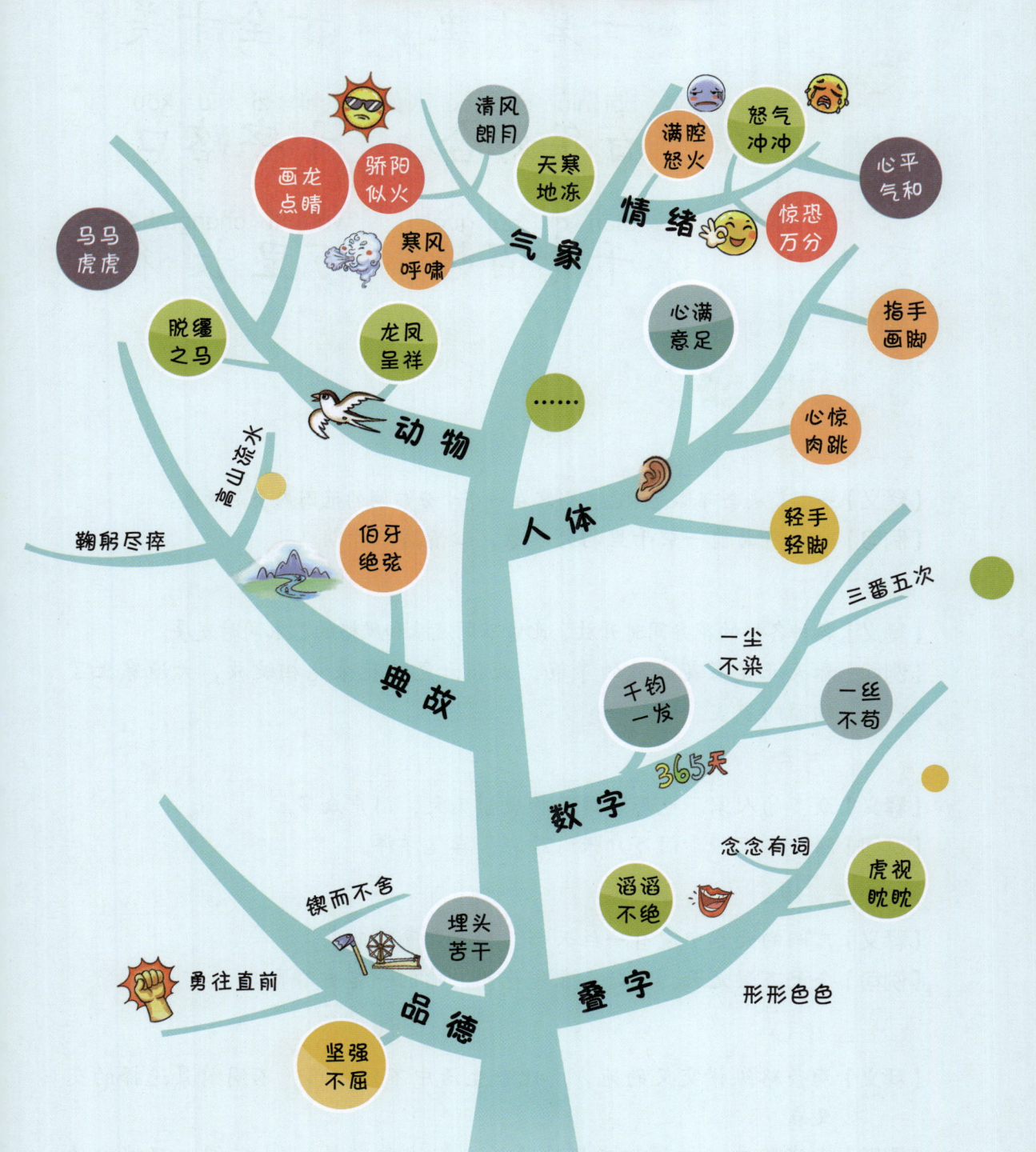

气象: 骄阳似火、清风朗月、天寒地冻、寒风呼啸

情绪: 满腔怒火、怒气冲冲、心平气和、惊恐万分、心满意足、心惊肉跳

动物: 脱缰之马、龙凤呈祥、马马虎虎

人体: 指手画脚、轻手轻脚

典故: 画龙点睛、高山流水、伯牙绝弦、鞠躬尽瘁

数字: 千钧一发、一尘不染、一丝不苟、三番五次、365天

叠字: 念念有词、滔滔不绝、虎视眈眈、形形色色

品德: 锲而不舍、埋头苦干、勇往直前、坚强不屈

写一写

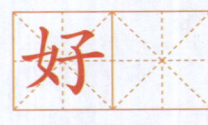

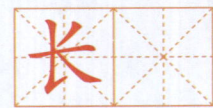

美　好　长

（按数位顺序成语接龙："一十百千万"）

- yī bì qiān lǐ　一碧千里
- shí quán shí měi　十全十美
- bǎi nián hǎo hé　百年好合
- shí zì lù kǒu　十字路口
- qiān qí bǎi guài　千奇百怪
- wàn lǐ cháng zhēng　万里长征

成语小课堂

★ 一碧千里

【释义】一眼望去全部都是绿色，形容在一个十分广阔的范围内全是绿色。

【例句】我看着面前一碧千里的大草原，心情豁然开朗。

★ 百花齐放

【释义】各种各样的花卉同时开放。比喻不同流派和风格的艺术同时发展。

【例句】春天正是百花齐放的季节，五颜六色的花朵竞相绽放，大地穿上了绚丽的衣裳。

★ 千门万户

【释义】众多的人家。也形容建筑物规模庞大，门户众多。

【例句】除夕之夜，千门万户张灯结彩，喜气洋洋。

★ 万里无云

【释义】广阔的天空中没有一丝云彩。形容天气晴朗。

【例句】今天万里无云，又赶上春暖花开，咱们一起去踏青吧。

★ 十字路口

【释义】两条路纵横交叉的地方。比喻生活中不同道路、不同前景选择的交叉点。

【例句】十字路口，红绿灯友好地告诉人们注意安全。/小陈像一只迷途的羊，徘徊在人生的十字路口，不知该如何选择。

一碧千里

bǎi huā qí fàng	qiān mén wàn hù
百花齐放	千门万户
yī wú suǒ huò	wàn lǐ wú yún
一无所获	万里无云

写一写

花
户
无

★ **万里长征**

【释义】长征：远征。指路途遥远的征战。也比喻为实现宏伟目标而进行的长期艰苦的奋斗。

【例句】他十多岁就参加了工农红军，经历了万里长征的磨炼。

遇见诗词

秦时明月汉时关①，万里长征人未还。
但使②龙城飞将③在，不教胡马④度阴山。

——[唐]王昌龄《出塞》

注释

①关：关塞，边境要地。②但使：只要。③飞将：西汉名将李广。这里泛指英勇善战的将领。④胡马：侵扰中原的北方游牧民族的骑兵。

大意

明月还是秦汉时的明月，边关还是秦汉时的边关，

离家万里长期征战的人还没有回来。

如果飞将军李广今天还在的话，

绝不会让胡人的战马越过阴山。

写一写

芳　乐　为

gū fāng zì shǎng
孤芳自赏

shǎng xīn lè shì
赏心乐事

běn lái miàn mù
本来面目

bāng yǐ mín wéi běn
邦以民为本

mù bù zhuǎn jīng
目不转睛

成语小课堂

★ 孤芳自赏

【释义】一枝独秀的香花自我欣赏。比喻自命清高，自我欣赏。

【例句】新来的女员工小张自恃年轻漂亮，孤芳自赏，目中无人。

★ 事在人为

【释义】事情能否成功，取决于人是否尽力去做。

【例句】天下的事情，事在人为，努力干下去，总会有所收获。

★ 为民请命

【释义】替百姓请求解除痛苦，保全生命。

【例句】自古以来，我们就有埋头苦干的人，拼命硬干的人，为民请命的人，舍身求法的人。

★ 目不转睛

【释义】眼睛不眨，眼珠一点儿也不动。形容注意力高度集中，看得出神。

【例句】轮船通过三峡时，杨老目不转睛地欣赏着驰名世界的奇观美景。

孤芳自赏

shì zài rén wéi　　wèi mín qǐng mìng
事在人为　　为民请命

dìng guó ān bāng　　mìng zhōng zhù dìng
定国安邦　　命中注定

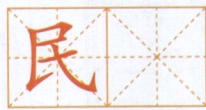

写一写

民
命
定

成语游戏 妙答问题。

1. "姑芳自赏"书写正确吗？

2. "下自成蹊"的上一句是什么？

3. "浓桃艳李"是形容果实多而且好吃吗？

4. "豆蔻年华"指的是十几岁的少年吗？

5. "一席之地"是大还是小？

日积月累

与国家安定相关的成语

定国安邦　　太平盛世　　国泰民安
安居乐业　　政通人和　　富国安民

写一写

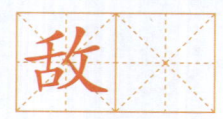

冰 知 敌

- mǎn qiāng nù huǒ 满腔怒火
- huǒ shàng nòng bīng 火上弄冰
- shì wèi zhī jǐ zhě sǐ 士为知己者死
- duān rén zhèng shì 端人正士
- sǐ dé qí suǒ 死得其所
- suǒ xiàng wú dí 所向无敌

成语小课堂

★ **满腔怒火**

【释义】怒气充满整个胸腔。形容极度愤怒。

【例句】他满腔怒火无处发泄,只得狠狠地捶打枕头。

★ **冰天雪地**

【释义】形容冰雪漫天盖地,非常寒冷。

【例句】你就在这儿安心待着吧,冰天雪地的能上哪儿去?

满腔怒火

bīng tiān xuě dì
冰天雪地

dì dòng shān yáo
地动山摇

biàn huà duō duān
变化多端

yáo shēn yī biàn
摇身一变

写一写

化
多
身

★ 变化多端

【释义】形容变化极多。

【例句】天上的云，变化多端，有的像小狗，有的像鲸鱼，有的像飞机，还有的像高铁……

成语故事

所向无敌

官渡之战，曹操打败袁绍后把北方收入囊中。

他写信给孙权，要孙权把儿子送到许昌做人质。孙权召集群臣商量对策，大家议论纷纷，可连张昭、秦松这些重臣都没拿出主意。

周瑜站出来说："主公，当年楚王熊绎被分到土地不足百里的荒蛮之地，他带领臣民开辟荆山，扩大疆土，把楚国发展成一个大国。现在，您承兄业，傍依长江天险，统治六郡，兵马强壮，粮草充足，士气旺盛，百姓和乐，可谓所向无敌。您为何要送人质去许昌呢？人质一旦到了曹操手里，我们必定受制于他，而我们所得到的最大的利益，也不过就是一方侯印、十几个仆人、几辆车马而已，哪里比得上我们自己建立功业呢？当下权宜之计是静观其变，如果曹操能拯救天下，遵守道义，我们再归附也不晚。"

孙权听从了周瑜的建议拒绝了曹操。

写一写

利
来

震天动地 zhèn tiān dòng dì

地利人和 dì lì rén hé

来来往往 lái lái wǎng wǎng

计上心来 jì shàng xīn lái

成语小课堂

★ 震天动地

【释义】震动天地。形容声音响亮或力量、声势浩大。

【例句】听到震天动地的一声巨响,那座采用定向爆破的旧楼房倒下了。

★ 和蔼可亲

【释义】态度温和,使人容易亲近。

【例句】我们的校长非常平易近人,和蔼可亲,学生们都很喜欢他。

★ 来来往往

【释义】来来去去。指来去频繁。

【例句】江面上,大小船只来来往往,一片繁忙景象。

震天动地

hé ǎi kě qīn
和蔼可亲

qīn mì wú jiàn
亲密无间

huǎn bīng zhī jì
缓兵之计

jiān bù róng huǎn
间不容缓

写一写

密

容

成语游戏 让小兔子顺着正确的成语走，它就能走出下面这座成语迷宫采到蘑菇哦。

震	地	利	亲	密
天	动	人	可	无
来	来	和	蔼	间
往	心	之	兵	不
往	上	计	缓	容

日积月累

我国古代兵家"三十六计"中的成语

金蝉脱壳　抛砖引玉　借刀杀人　趁火打劫

打草惊蛇　声东击西　指桑骂槐　暗度陈仓

写一写

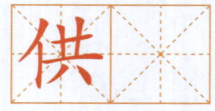

尽 力 供

竭尽全力 jié jìn quán lì

力所能及 lì suǒ néng jí

命在朝夕 mìng zài zhāo xī

疲于奔命 pí yú bēn mìng

夕阳西下 xī yáng xī xià

下笔有神 xià bǐ yǒu shén

成语小课堂

★ **竭尽全力**

【释义】用尽全部力量。

【例句】他们正在竭尽全力，争取9月底把这项工作干完。

★ **乐此不疲**

【释义】乐：乐于。因喜欢做某事而不知疲倦。形容对某事特别爱好而沉浸其中。

【例句】他对如此具有挑战性的工作乐此不疲。

★ **力倦神疲**

【释义】身体和精神都很疲惫。形容极度疲乏。

【例句】连续两天考试让他力倦神疲，只想好好睡一觉。

★ **神清气爽**

【释义】指人神志清醒，心情舒畅。

【例句】来到山清水秀的地方，让人神清气爽。/他长得眉清目秀，神清气爽。

竭尽全力

及时行乐　乐此不疲

力倦神疲　疲精竭力

神清气爽　爽然若失

写一写

乐
此
爽

遇见诗词

枯藤①老树昏鸦②，小桥流水人家，古道西风瘦马。夕阳西下，断肠③人在天涯④。

——[元]马致远《天净沙·秋思》

注释

①枯藤：枯萎的藤条。②昏鸦：黄昏归巢的乌鸦。③断肠：形容悲伤到极点。④天涯：天边，指远离家乡的地方。

大意

枯藤缠绕着老树，黄昏时乌鸦纷纷归巢，流水潺潺，小桥旁住了几户人家。荒凉的古道上，萧萧的秋风中走来一匹孤独的瘦马。夕阳西下，极度伤感的游子还漂泊在天涯。

六年级

写一写

眉 眼 首

（按身体部分逐字成语接龙："发眉眼鼻口颈肩手胸背腰足"）

qiān jūn yī fà　　千钧一发

méi qīng mù xiù　　眉清目秀

shǒu jí yǎn kuài　　手疾眼快

bǐ jiān ér lì　　比肩而立

áng shǒu tǐng xiōng　　昂首挺胸

wàng qí xiàng bèi　　望其项背

成语小课堂

★ **千钧一发**

【释义】千钧重物用一根头发系着。形容形势万分危急。

【例句】小伙伴掉到了水缸里，在这千钧一发的时刻，司马光搬起石头砸开了水缸，救了小伙伴。

★ **眉清目秀**

【释义】形容人容貌清秀美丽。

【例句】舞台上的小女孩长得眉清目秀，说起话来口齿伶俐。

★ **口干舌燥**

【释义】非常干渴。多形容天热或说话很多，费尽口舌。

【例句】这几天气温很高，热得人口干舌燥，只想喝水。

★ **伸头缩颈**

【释义】形容偷偷摸摸地暗中查看。

【例句】那歹徒躲在暗处伸头缩颈地打探地形，丝毫没有发现自己已经暴露了。

★ **手疾眼快**

【释义】形容动作灵活迅速，反应敏捷。

【例句】那位魔术师真是手疾眼快，手里的硬币一晃就不见了。

★ **昂首挺胸**

【释义】仰起头，挺起胸膛。形容斗志高，士气盛，无所畏惧或态度坚决。

【例句】小刚走起路来昂首挺胸，像凯旋的将军似的。

千钧一发

yǎn gāo shǒu dī	yì xiāng pū bí
眼高手低	异香扑鼻

shēn tóu suō jǐng	kǒu gān shé zào
伸头缩颈	口干舌燥

bǎng dà yāo yuán	shǒu wǔ zú dǎo
膀大腰圆	手舞足蹈

写一写

舌 腰 足

成语游戏

在括号里添上合适的字补全成语，并比比它们的大小，在圆圈中画上">""<"或"="符号。

千（　）一发 ◯ 半斤八（　）

胆小如（　）◯ 指鹿为（　）

（　）弓蛇影 ◯ （　）盘狼藉

（　）差万别 ◯ （　）步穿杨

日积月累

描写美貌的成语

眉清目秀　亭亭玉立　秀色可餐　冰清玉洁

天生丽质　闭月羞花　美如冠玉　国色天香

写一写

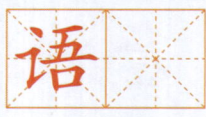

语重

qiān yán wàn yǔ
千言万语

yǔ zhòng qíng shēn
语重情深

huò cóng tiān jiàng
祸从天降

chǐ yá wéi huò
齿牙为祸

成语小课堂

★ 千言万语

【释义】千句话万句话。形容要说的话很多。

【例句】千言万语说不尽我对老师的感激之情。

★ 深入骨髓

【释义】渗透到了人的骨髓里。形容程度很深。

【例句】父母对孩子的爱深入骨髓，很多时候都想竭尽所能给孩子最好的。

★ 随遇而安

【释义】能顺应各种不同的境遇，在任何境况下都能安然自得，感到满足。

【例句】有智慧、意志坚毅的人，虽然身处逆境，仍能随遇而安。

★ 祸从天降

【释义】灾祸从天上落下。形容意外的灾祸突然到来。也指老天突然降灾于人。

【例句】真是祸从天降，一场龙卷风将辛辛苦苦才盖起来的房屋夷为平地。

千言万语

shēn rù gǔ suǐ
深入骨髓

suí yù ér ān
随遇而安

gòng wéi chún chǐ
共为唇齿

ān wēi yǔ gòng
安危与共

写一写

骨

而

成语游戏

言和语是一对好朋友，经常一起出现在成语中。你还知道哪些包含"言、语"的成语呢？请你想一想，选出恰当的字补全下列成语。

千　自　甜　万
三　不　花　蜜
巧　两　自　不

○言○语　○言○语
○言○语　○言○语
○言○语　○言○语

日积月累

含有"齿"字的成语

共为唇齿　不足挂齿　唇亡齿寒
唇齿相依　没齿难忘　唇红齿白

写一写

马
虎
冠

- tuō jiāng zhī mǎ 脱缰之马
- mǎ mǎ hū hū 马马虎虎
- huáng tiān bù fù kǔ xīn rén 皇天不负苦心人
- guān miǎn táng huáng 冠冕堂皇
- rén shuí wú guò 人谁无过
- guò yóu bù jí 过犹不及

成语小课堂

★ 脱缰之马

【释义】比喻脱离羁绊的人或失去了控制的事物。

【例句】孩子们到了湿地公园，像脱缰之马一般，玩得乐不可支。

★ 虎口逃生

【释义】虎口：指危险的境地。从老虎嘴里逃脱出来。比喻经历大难而侥幸保全生命。

【例句】他这次是虎口逃生，活着回来已是万幸。

★ 冠冕堂皇

【释义】冠冕：古代帝王、官员戴的帽子。堂皇：很有气派的样子。形容表面庄严体面、光明正大的样子。

【例句】他说起话来信誓旦旦，冠冕堂皇，实实在在的事倒没做过一件。

脱缰之马

hǔ kǒu táo shēng
虎口逃生

shēng jī bó bó
生机勃勃

写一写

忧
怒
过

nù fà chōng guān
怒发冲冠

bó rán dà nù
勃然大怒

成语游戏

下面的天平上有四个叠字成语，请你选择它们各自的近义词，填入合适的位置，让天平平衡吧。

粗心大意　含糊其词　若隐若现　时断时续

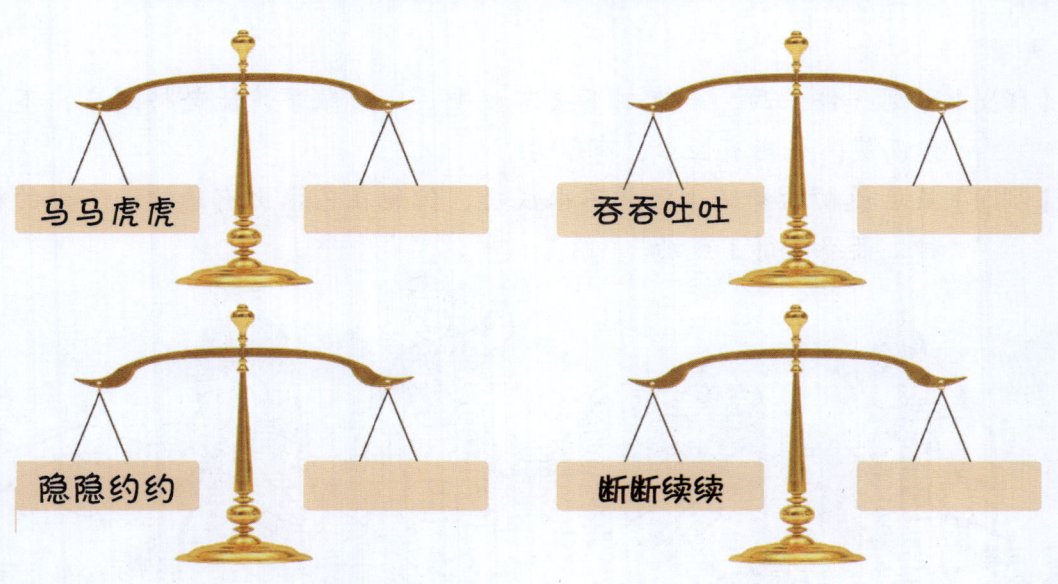

马马虎虎

吞吞吐吐

隐隐约约

断断续续

日积月累

含有"马"字的成语

脱缰之马　万马奔腾　马到成功
马不停蹄　金戈铁马　龙马精神

六年级

写一写

| 舍 |
| 取 |
| 泰 |

qiè ér bù shě
锲而不舍

shě shēng qǔ yì
舍生取义

rén xīn qí, tài shān yí
人心齐，泰山移

yí huā jiē mù
移花接木

mù yǐ chéng zhōu
木已成舟

成语小课堂

★ 锲而不舍

【释义】雕刻一件东西，一直刻下去不放手。比喻做事情能坚持到底，不半途而废。也指有恒心，有毅力。

【例句】虽然最初的舞蹈生涯并不很成功，但她在艺术上有着锲而不舍的精神，最终获得了成功。

锲而不舍

| yì zhèng cí yán | yán yú lǜ jǐ |
| 义正词严 | 严于律己 |

jǐ suǒ bù yù　　wù shī yú rén
己所不欲，勿施于人

| zhōu chē láo dùn | dùn kāi máo sè |
| 舟车劳顿 | 顿开茅塞 |

写一写

严
舟
车

成语故事

愚公移山

在远古时代，太行和王屋两座大山都在冀州南面，黄河北面。可现在它们却换了地方，这是怎么回事呢？

原来，那时住在太行、王屋两座山北面的人要出行，都要绕远路，非常麻烦。这些人里有一位老人，名叫愚公。他把家人召集起来一起挖山，想把这两座山挖平。有一个智者嘲笑他："你这么大年纪，山又这么高，你怎么可能把它挖平？"愚公哈哈大笑说："亏你还是智者，思想真是顽固。我死了还有儿子，儿子死了还有孙子，子子孙孙无穷无尽，总有一天能把山挖平的。"

他们挖呀，挖呀，竟然把山神惊动了。山神左右为难，只好上天报告天帝。天帝被愚公锲而不舍的精神感动了，就派大力神将这两座山移到了今天的位置。从此，山北的人出门再也不用绕道而行了。

练一练

一、看拼音，写成语。

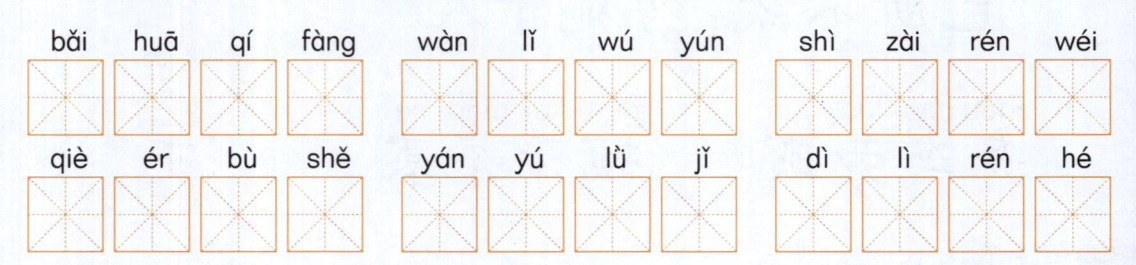

bǎi huā qí fàng　　wàn lǐ wú yún　　shì zài rén wéi

qiè ér bù shě　　yán yú lǜ jǐ　　dì lì rén hé

二、看图猜成语。

1.＿＿＿＿＿＿＿＿　　2.＿＿＿＿＿＿＿＿

三、成语回家。帮"手""足"找到自己的家。

赤〇空拳　　〇无寸铁　　情同〇〇

〇舞〇蹈　　手　足　　〇〇无措

举〇投〇

参考答案

一年级

P3
最神气的魔力——上天入地　　最大的改变——翻天覆地
最快的速度——一日千里　　最远的地方——天涯海角
最反常的气候——晴天霹雳　　最短的季节——一日三秋
最难做的饭——无米之炊

P9　舞美　舞美　戏曲　戏曲
电影　电影　相声　相声

P10　练一练

一、山清水秀　日积月累　万众一心　和风细雨　鸟语花香　七上八下

二、1. 百花齐放　2. 鸟语花香

三、爱　样　十　意　全　发　战　接

二年级

P15　春　秋　春　秋　春　秋　夏　秋　冬　春　春　秋

P17　万＞百　钧＞两　百＝百　五＜十

P23　怒　哀　喜　喜　怒　乐　喜　乐　怒

P28　练一练

一、冰天雪地　山穷水尽　风平浪静　兴高采烈　赏心悦目　山高路远

二、1. 东张西望　2. 胆小如鼠

三、草长莺飞——《村居》　　　　春色满园——《游园不值》
庐山真面目——《题西林壁》　　千门万户——《画鸡》
橙黄橘绿——《赠刘景文》　　　不拘一格——《己亥杂诗》

三年级

P31 厚→后　花→发　急→疾　公→恭　宏→红　清→青　风→丰　兴→星

P33 息　忘　安　绝　休　乐

P37 步　行　步行　休　息　休息　漫　步　漫步
　　　转　悠　转悠　跳　舞　跳舞

P41 死——生　冷——热　前——后　上——下

P45 耿耿于怀　怀恨在心　心想事成

P46 练一练

一、鸦雀无声　忐忑不安　寸步难行　丢三落四　津津有味　窃窃私语

二、1. 五谷丰登　2. 虎口逃生

三、鼠　牛　虎　兔　龙　蛇　马　羊　猴　鸡　狗　猪

四年级

P49 沸沸扬扬　轰轰烈烈　浩浩荡荡　三三两两　堂堂正正　朝朝暮暮

P53 一山不容二虎——两虎相斗

　　　张公帽子李公戴——张冠李戴

　　　天下乌鸦一般黑——一丘之貉

　　　喝水不忘挖井人——饮水思源

　　　这山望着那山高——见异思迁

　　　搬起石头砸自己的脚——自作自受

P55 心平气和　心心相印　别出心裁　心宽体胖
　　　别具匠心　扣人心弦　心悦诚服　同心同德

P63 褒义词：画龙点睛　卧虎藏龙　龙马精神　生龙活虎
　　　贬义词：照猫画虎　狐假虎威　虎视眈眈　叶公好龙

P65

枝 → 修 → 竹 → 长 → 问
↓   ↓
繁 ← 林 ← 报   问   短
↓   ↑   ↓
叶 → 茂   平   好   小
              ↑   ↓
乐 ← 居 ← 安   学   精
↓   ↑
业 → 精 → 于 → 勤 → 悍

P67　峰→锋　生→身　争→征　歌→戈　身→生　欲→浴　带→戴　丰→风

P69　女性专用：娇小玲珑　削肩细腰　纤腰楚楚　亭亭玉立

　　　　男性专用：短小精悍　五大三粗　虎背熊腰　人高马大

P73　顶天立地　天长地久　冰天雪地　天高地厚　天翻地覆　惊天动地

P76　**练一练**

一、去粗取精　国泰民安　素昧平生　有教无类　生死存亡　云淡风轻

二、1. 胸有成竹　2. 青梅竹马

三、望梅止渴——画饼充饥　　　　叶公好龙——表里不一

　　独树一帜——别具一格　　　　囫囵吞枣——走马观花

　　昙花一现——过眼云烟　　　　海市蜃楼——镜花水月

五年级

P81　前俯后仰　　　　　　　　前人栽树，后人乘凉

　　　　前事不忘，后事之师　　前无古人，后无来者

　　　　前怕狼，后怕虎　　　　前不巴村，后不着店

P85　饮水思源　源源不断　断章取义　义无反顾

P87　变化多端　沧海桑田　斗转星移　翻天覆地

　　　　恍如隔世　今非昔比　时过境迁　日新月异

P91　小心翼翼　小肚鸡肠　小家碧玉　小巧玲珑

P99　十年树木——百年树人　　　近朱者赤——近墨者黑

　　　　金玉其外——败絮其中　　　宁为玉碎——不为瓦全

呼之即来——挥之即去　　　　精诚所至——金石为开

千里之行——始于足下

P100　练一练

一、朴实无华　华而不实　来日方长　勇往直前　大千世界　百川归海

二、1. 老牛舐犊　2. 龙飞凤舞

三、哭→窟　路→鹿　汉→汗　鹰→莺　木→目　熊→蛇　实→石　燕→雁

六年级

P105
1. 错，应该是"孤芳自赏"。
2. 桃李不言。
3. 不是，它比喻人容貌俊美，神采焕发。
4. 不是，指十三四岁的少女。
5. 小，"一席之地"指一张席子的地方，比喻很小的一块地方。

P109

震天动地→地利人和→亲密无间→间不容缓→缓兵之计→计上心来→来往往（震天动地→天来往往上计缓容间无密亲利地震→动人可蔺和之兵不）

P113　钧＞两　鼠＜马　杯＝杯　千＞百

P115　千言万语　自言自语　甜言蜜语　三言两语　花言巧语　不言不语

P117　马马虎虎——粗心大意　　　吞吞吐吐——含糊其词

隐隐约约——若隐若现　　　断断续续——时断时续

P120　练一练

一、百花齐放　万里无云　事在人为　锲而不舍　严于律己　地利人和

二、1. 八仙过海，各显神通　2. 千军万马

三、赤手空拳　手无寸铁　情同手足　手舞足蹈　手足无措　举手投足

课本里的成语汇总

一年级上册

山清水秀　柳绿桃红　日积月累　东西南北　一年之计在于春
一寸光阴一寸金　万众一心　种瓜得瓜，种豆得豆
前人栽树，后人乘凉　千里之行，始于足下　百尺竿头，更进一步

一年级下册

万里无云　春回大地　柳绿花红　莺歌燕舞　百花齐放　各种各样
桃花潭水　和风细雨　鸟语花香　一清二白　竹篮打水　七上八下
十字路口　敏而好学　不耻下问　读书百遍，其义自见
读万卷书，行万里路　妖魔鬼怪　千门万户

二年级上册

四海为家　冰天雪地　十年树木，百年树人　叶落归根
己所不欲，勿施于人　言而有信　含苞欲放　百花争艳　春色满园
四面八方　更上一层楼　山穷水尽　烟消云散　名山大川
奇形怪状　一枝独秀　名不虚传　百闻不如一见　隐隐约约
五光十色　欢声笑语　流连忘返　清风明月　无边无际　得过且过
自言自语　不言不语　只言片语　三言两语　千言万语　豪言壮语
少言寡语　甜言蜜语　刻舟求剑　安居乐业　三过其门而不入
有志者事竟成　穷且益坚　青云之志　云开雾散　风雨交加
寒风刺骨　鹅毛大雪　电闪雷鸣　狐假虎威　神气活现　摇头摆尾
半信半疑　东张西望　大摇大摆　风和日丽　风平浪静　风调雨顺
狼吞虎咽　龙飞凤舞　鸡鸣狗吠　惊弓之鸟　漏网之鱼　害群之马
胆小如鼠　如虎添翼　如鱼得水

二年级下册

草长莺飞　梳妆打扮　躲躲藏藏　绚丽多彩　五颜六色　碧空如洗
引人注目　兴致勃勃　野火烧不尽，春风吹又生　意想不到
恋恋不舍　锦上添花　雪中送炭　炎黄子孙　奋发图强　繁荣昌盛
大街小巷　牛郎织女　九霄云外　弯弯曲曲　高高兴兴　不好意思
昏头昏脑　摇摇晃晃　兴高采烈　亡羊补牢　揠苗助长　结结实实
筋疲力尽　老老实实　和颜悦色　视而不见　赏心悦目　连蹦带跳
眉开眼笑　破涕为笑　捧腹大笑　一动不动　刨根问底
九牛二虎之力　生机勃勃　尽心竭力　与世隔绝　笨手笨脚
色彩斑斓　一望无边　反反复复　羿射九日　慌慌张张　救死扶伤
山高路远　万水千山

三年级上册

糊里糊涂　鸦雀无声　摇头晃脑　披头散发　张牙舞爪　提心吊胆
面红耳赤　手忙脚乱　眼疾手快　口干舌燥　橙黄橘绿　五彩缤纷
春光明媚　忐忑不安　秋高气爽　天高云淡　一叶知秋　五谷丰登
春华秋实　争先恐后　喜怒哀乐　寸步难行　无奇不有　百发百中
百战百胜　百依百顺　四通八达　四平八稳　七嘴八舌　七手八脚
人心齐，泰山移　二人同心，其利断金　三个臭皮匠，顶个诸葛亮
细雨如丝　淡妆浓抹　呢喃细语　汹涌澎湃　波澜壮阔　井然有序
千姿百态　雨后春笋　超凡脱俗　上上下下　分门别类　气焰嚣张
当头一棒　争分夺秒　丢三落四　目瞪口呆　耳闻目睹

三年级下册

光彩夺目　挨挨挤挤　翩翩起舞　严丝合缝　守株待兔　南辕北辙
相提并论　和睦相处　翻来覆去　迫不及待　不慌不忙　痛痛快快
没精打采　灰心丧气　虎口逃生　滔滔滚滚　无忧无虑　忙忙碌碌
源源不断　津津有味　邯郸学步　滥竽充数　掩耳盗铃　自相矛盾

附　录

画蛇添足　杞人忧天　井底之蛙　杯弓蛇影　发人深省　叶公好龙
雷电交加　似曾相识　代代相传　历久弥新　学富五车　清清楚楚
活灵活现　来来往往　琴棋书画　望闻问切　窃窃私语　争奇斗艳
昙花一现　确确实实　气喘吁吁　夺门而出　规规矩矩　耿耿于怀
多才多艺　人谁无过　无穷无尽　千千万万　物产丰富　一模一样
恍恍惚惚　人见人爱　兵来将挡，水来土掩　不入虎穴，焉得虎子
眼见为实　耳听为虚　近朱者赤，近墨者黑　人山人海　各式各样
翻山越岭　走南闯北　晕头转向　善罢甘休　健步如飞

四年级上册

人声鼎沸　浩浩荡荡　山崩地裂　无处不在　摇摇欲坠　心旷神怡
锣鼓喧天　震耳欲聋　响彻云霄　低声细语　悄无声息　横七竖八
呼风唤雨　出乎意料　腾云驾雾　好问则裕　庐山真面目　随遇而安
精疲力竭　精卫填海　愤愤不平　钻木取火　茹毛饮血　惊慌失措
爱憎分明　惩恶扬善　上天入地　神机妙算　各显神通　三头六臂
神通广大　未卜先知　碧海青天　熠熠生辉　形影不离　摇摇摆摆
雨过天晴　通情达理　哄堂大笑　接连不断　垂头丧气　顾名思义
重整旗鼓　不甘人后　得心应手　不伦不类　一丝一毫　不败之地
设身处地　自由自在　尺有所短，寸有所长　机不可失
差之毫厘，谬以千里　病从口入，祸从口出　一言既出，驷马难追
比上不足，比下有余　万里长征　为之一振　热闹非凡　左顾右盼
干干净净　深居简出　随时随地　斩钉截铁　志存高远　精忠报国
大义凛然　视死如归　铁面无私　刚正不阿　面如土色　一声不响
深入骨髓　无能为力　聚精会神　凿壁借光　三顾茅庐　心急如焚
胆战心惊　魂飞魄散　喜出望外　手舞足蹈　热泪盈眶　欣喜若狂
长途跋涉　眉清目秀　亭亭玉立　明眸皓齿　文质彬彬　相貌堂堂
威风凛凛　膀大腰圆　短小精悍　鹤发童颜　慈眉善目　老态龙钟

四年级下册

天高地阔　车水马龙　依山傍水　鸡犬相闻　前俯后仰　五彩斑斓
点睛之笔　天之骄子　九天揽月　勃勃生机　奇思妙想　古木参天
苍翠欲滴　姗姗来迟　白雪皑皑　朗朗上口　变化多端　颤颤巍巍
大模大样　从容不迫　扬长而去　空空如也　不胜其烦　慢条斯理
耀武扬威　神清气爽　金碧辉煌　铁杵成针　不约而同　悬梁刺股
程门立雪　手不释卷　一片冰心　葬身鱼腹　势不可当　失魂落魄
舍己救人　镇定自若　纹丝不动　临危不惧　彬彬有礼　自强不息
怨天尤人　生于忧患，死于安乐　不可一世　坐井观天　学海无涯

五年级上册

美中不足　姹紫嫣红　神气十足　不动声色　朴实无华　完璧归赵
负荆请罪　难以置信　一夫当关，万夫莫开　熟能生巧　不计其数
左右为难　奋不顾身　喋喋不休　悠然自得　千真万确　勤勤恳恳
花花绿绿　一五一十　富丽堂皇　天兵天将　气急败坏　畏首畏尾
望眼欲穿　直言不讳　饮水思源　耳熟能详　八仙过海，各显神通
口耳相传　热气腾腾　不拘一格　万马齐喑　朝气蓬勃　来日方长
举世闻名　玲珑剔透　诗情画意　天南海北　奇珍异宝　梦寐不忘
祸从天降　尸横遍野　生灵涂炭　绿树成荫　偏安一隅　足智多谋
呕心沥血　臭名远扬　得意忘形　诡计多端　处心积虑　众星拱月
太平盛世　国泰民安　丰衣足食　政通人和　人寿年丰　夜不闭户
路不拾遗　多事之秋　兵荒马乱　流离失所　家破人亡　哀鸿遍野
民不聊生　内忧外患　无影无形　舐犊之情　手脚并用　密密层层
千变万化　得意扬扬　一如既往　呱呱坠地　同舟共济　众志成城
字里行间　居安思危　半丝半缕　月落乌啼　成群结队　应接不暇
面面相觑　大呼小叫　枝繁叶茂　夕阳西下　斜风细雨　学而不厌
诲人不倦　桃园结义　一知半解　分久必合　哭哭啼啼　栩栩如生
索然无味　朦朦胧胧　心动神移　流光溢彩　天长日久　如醉如痴

附 录

浮想联翩　囫囵吞枣　不求甚解　悲欢离合　牵肠挂肚　如饥似渴
不言而喻　千篇一律　天高气爽　别出心裁　与众不同　大显身手
心安理得　念念不忘　见义勇为　源头活水

五年级下册

光芒四射　不可胜数　恍然大悟　乐此不疲　相映成趣　百川归海
不期而遇　离乡背井　风光旖旎　无边无垠　碧波万顷　寸草春晖
茂林修竹　颇负盛名　不厌其烦　顶天立地　踉踉跄跄　拖男挈女
喜不自胜　天造地设　伸头缩颈　抓耳挠腮　力倦神疲　大千世界
凌云之志　多愁善感　刀山火海　扣人心弦　动人心魄　豪情壮志
儿女情长　风花雪月　人情冷暖　心领神会　寒来暑往　秋收冬藏
情不自禁　浴血奋战　一针见血　从容镇定　汗如雨下　肃然起敬
舍己为公　久别重逢　手疾眼快　精神抖擞　仰面朝天　天衣无缝
助人为乐　忠于职守　全神贯注　跃跃欲试　遥遥领先　龇牙咧嘴
成千上万　泰然自若　豆蔻年华　纵横交错　花团锦簇　水天相接
极目远眺　各有所长　左膀右臂　养尊处优　随心所欲　绞尽脑汁
默不作声　大气磅礴

六年级上册

高歌一曲　一碧千里　平淡无味　明月清风　芬芳馥郁　硕大无朋
婆娑起舞　心驰神往　顾影自怜　孤芳自赏　形形色色　满腔怒火
热血沸腾　居高临下　粉身碎骨　昂首挺胸　坚强不屈　惊天动地
气壮山河　迎风招展　排山倒海　整整齐齐　震天动地　千钧一发
无微不至　各抒己见　滔滔不绝　时时刻刻　竭尽全力　婉言谢绝
鞠躬尽瘁　死而后已　前功尽弃　没头没脑　呆头呆脑　歪歪斜斜
挖空心思　叱咤风云　技高一等　弄巧成拙　泰山压顶　作鸟兽散
虎视眈眈　大步流星　怒气冲冲　暴露无遗　一无所获　念念有词
忘乎所以　相视而笑　两手空空　心满意足　轻手轻脚　化为乌有
沧海一粟　龙凤呈祥　亭台楼阁　天寒地冻　能工巧匠　惟妙惟肖

万紫千红　跌跌撞撞　寒风呼啸　心惊肉跳　指手画脚　不假思索
神志不清　天摧地塌　忠厚老实　满满当当　不声不响　理直气壮
小心翼翼　一丝不苟　照章办事　眉飞色舞　一尘不染　和蔼可亲
风雨同舟　三番五次　不紧不慢　世世代代　伯牙绝弦　锦囊玉轴
抚掌大笑　高山流水　波涛汹涌　丰富多彩　约定俗成　不可开交
戛然而止　拿手好戏　粉墨登场　字正腔圆　有板有眼　科班出身
黄钟大吕　轻歌曼舞　行云流水　巧夺天工　画龙点睛　笔走龙蛇
妙笔生花　一望无际　失声痛哭　各色各样　张冠李戴　马马虎虎
匆匆忙忙　饱经风霜　模模糊糊　三更半夜　颜筋柳骨　埋头苦干
为民请命　舍身求法

六年级下册

零七八碎　万象更新　男女老少　截然不同　无暇顾及　悬灯结彩
独出心裁　各形各色　残灯末庙　进进出出　垂涎欲滴　泣涕如雨
盈盈一水　脱缰之马　一无所有　能歌善舞　身无分文　两面三刀
青面獠牙　地广人稀　优哉游哉　万事如意
少壮不努力，老大徒伤悲　惊恐万分　前所未有　荒无人烟
不时之需　心平气和　重见天日　无济于事　乌合之众　一清二楚
头晕目眩　诚心诚意　软弱无力　灯火通明　十全十美　不可思议
独一无二　勇往直前　引人入胜　荒诞不经　司空见惯　一声不吭
一生一世　引车卖浆　骄阳似火　柴米油盐　清风朗月　一视同仁
归心似箭　追悔莫及　接二连三　由远而近　地动山摇　重于泰山
轻于鸿毛　精兵简政　死得其所　目不转睛　三长两短　重重叠叠
奄奄一息　良药苦口　见微知著　锲而不舍　悬崖峭壁　狂风怒号
鄙夷不屑　走马观花　自愧弗如　声泪俱下　不以为然　过犹不及
赴汤蹈火　穷则思变　青出于蓝　依依不舍　娓娓动听　身临其境
恭恭敬敬　依依惜别　心有灵犀一点通　信手拈来　誉满天下
一笔一画　稚气未脱　无怨无悔　回味无穷　杨柳依依　红杏出墙